나를 단단하게 만드는 루틴의 힘

작지만 꾸준한 실천을 통해 일상의 주인으로 살아가는 법

나를 단단하게 만드는 루틴의 힘

윤찬영 지음

생각의빛

—

아이를 키우다 보면 자신을 잊기 쉽다. 저자는 세 딸의 엄마로서 오랫동안 가족의 시간에 헌신했다. 이 책은 그가 '엄마의 시간'에서 '나의 시간'으로 돌아온 여정을 담은 성장 기록이다. 매일 쓰고, 달리고, 읽는 단순한 루틴이 어떻게 삶을 새롭게 빚어내는지 다정하고 단단한 시선으로 보여준다.

글쓰기로 자신을 발견하고, 달리기로 활력을 되찾으며, 독서로 자존감을 회복했다. 그렇게 루틴은 자존이 되고 충만으로 이어진다. 저자는 "행복은 강도가 아니라 빈도"라는 문장을 삶으로 증명하며, 비교 대신 성장과 자유로 자신을 채우는 법을 일깨운다.

〈처음으로 공부가 재미있어지기 시작했다〉의 저자 임진강

–

살면서 가장 고통스러웠을 때가 언제인지 생각해 보면, 나의 존재가 희미해짐을 인식하는 순간이 아닐까 싶다. 사회에서 나의 존재 가치가 흐려지고, 심지어 더 나아가 나 스스로도 내가 어떤 사람이었는지 까마득하게 느껴진다면 어떠할까? 특히나 세상의 모든 어머니들은 이런 존재의 문제 앞에 서게 될 것이다.

저자는 세 명의 딸을 둔 어머니로서 이 질문 앞에 서 있었다. 그리고 그 해답을 찾기 위해 자신이 할 수 있는 일들을 하나하나 삶의 일부로 받아들이기 시작했다. 그리고 그 누구보다 친절하게 그 여정을 마치 그림을 그리듯 독자에게 설명해준다. 어린 시절 TV로 보았던 그 '밥 아저씨'처럼 말이다.

자기 계발 루틴의 가장 강력한 3요소가 바로 독서, 글쓰기, 운동이다. 수많은 책은 이미 완성형의 상태에서 그 좋은 점의 당위성을 설명하는 것에 많은 부분을 할애한다. 하지만 이 책은 그와 다른 관점에서 독자에게 다가온다. 글이 그림처럼 다가올 때, 우리는 그 의미를 더 깊이 공감하게 된다. 심지어 그림이 생기 있고 다정하다면 우린 그 안에서 함께 숨을 쉬듯 저자와 동행하는 느낌도 받는다. 바로 그 순간이 '글이 현존하는 상태'임을 인식하는 것은 아닐까?

저자의 글을 읽으면서 나 또한 한강의 어느 둔치를 달리는 듯했다. 그리고 어느 카페에서 독서를 하며, 커피를 한 잔 마시는 것만 같은 느낌도 들었다. 그것은 아마도 작지만 소소한 '나만의 자유'가 이 책 전체에 깃들어 있기 때문이리라.

좋은 것을 삶에 초대하고, 하나씩 삶의 일부분으로 루틴화 하는 일. 강압적이 아닌 따뜻하고 자연스러운 흐름 속에서 이룰 수 있다면 얼마나 좋을까? 아마 나처럼 독자분들도 책을 읽다가 달리기를 하러 나가고 싶으실지 모른다. 모쪼록 이 책을 통하여 여러분만의 자유를 찾으시길 바라본다.

〈내면의 빛을 찾기 위한 지혜의 조각들〉저자 김태진

–

윤찬영 작가는 세 아이를 키우면서도 '나 자신'으로 꾸준히 성장하기 위해 부단히 노력해 온 사람이다. 그녀를 처음 봤을 때, 세 아이를 키우는 엄마라고는 믿어지지 않을 만큼 에너지가 넘치고 긍정적이었다. 그 이유가 궁금했다. 일상의 소소한 경험에 감사할 줄 아는 마음, 좋은 것들을 타인과 나누고자 하는 따뜻함이 있었다. 엄마로 살아가는 여자라면 육아의 고단함을 충분히 알 것이다. 또 세 명의 아이를 키우기 위해서 얼마나 많은 자기희생이 필요한지, 육아를 하며 나를 챙기는 일이 얼마나 힘든지를. 그럼에도 불구하고 나답게 살아가는 여자는 빛날 수밖에 없다.

어쩌면 육아는 나 자신과 치열하게 싸우는 과정인지도 모른다. 엄마로서의 역할을 충실히 해내면서도 나를 잃고 싶지 않은 마음이 늘 공존하고, 그 사이에서 균형을 잡고 만족스러운 삶을 살아가는 것은 결코 쉽지 않다. 저자는 힘든 일상에서도 자신을 놓지 않았다. 글쓰기, 달리기, 독서 루틴으로 삶을 바꾸었다.

모두가 일상의 주인으로 살아가고 싶어 하지만, 스스로 만족스럽다 느끼는 경우가 드물다. 자신이 원하는 것을 외면한 채 살아가는 삶은 허무하다. 글쓰기를 통해 진짜 내 모습을 발견하고 스스로를 치유하며 삶의 중심을 잡는 것, 달리기로 설레는 하루를 시작하고 나를 뜨겁게 응원하는 시간을 갖는 것, 독서를 통해 자신의 세계관을 넓히며 배움을 이어가는 삶, 이 세 가지 루틴은 우리의 삶을 바꾼다. 진정한 성장은 혼자 있는 시간에 이루어진다. 선택과 집중을 통해 나를 바로 세우는 과정이 진짜 성장이다.

이 책을 제대로 활용하는 방법은 책을 읽어 나가면서 지금 당장 행동으로 옮길 수 있는 것부터 실천하는 것이다. 그리고 꾸준히 이어가는 노력이 필요하다. 습관을 만들기 위해서는 많은 인내가 필요하지만, 습관이 나를 이끄는 순간, 우리는 성장한다. 매일 자신과 가족, 주변 사람들에게 사랑을 실천하는 찬영 작가님의 삶을 들여다보면서 작고 사소한 일상이 주는 만족감이야말로 우리 삶을 이끄는 큰 동력이 됨을 알게 될 것이다. 남들보다 부족해 보이더라도 자신을 믿어 주는 마음이 함께하면 더욱 좋겠다.

누군가의 꿈을 이루기 위해 동기부여를 해 주는 멘토가 되고 싶다는 바람으로, 온 마음으로 써 내려간 이 책은 독자들의 마음을 움직여 작은 무엇이라도 도전할 용기를 줄 것이다. 책을 읽다 보면, 어떤 상황에 놓이더라도 우리는 마음만 먹으면 원하는 삶을 살아갈 수 있음을, 귀한 것을 얻기 위해서는 그만큼의 노력과 인내가 필요하다는 것을 알게 될 거라 믿는다. 저자의 이야기에 귀 기울여 보자. 그리고 책을 덮었을 때는 이미 나만의 루틴을 실천하는 모습을 발견할 수 있기를 바란다. 일상의 작은 루틴을 이어가는 것만으로도 우리의 삶은 눈부시게 빛이 날 수 있음을 기억하자.

〈퍼스널 브랜딩의 모든 것〉의 저자 허지영

읽고, 쓰고, 달리면서 나와 내 삶을 더 사랑하는 법

아이들의 자는 모습을 가만히 바라볼 때가 있다. 한 명, 한 명의 자는 모습을 보는 순간이 참 좋다. 아이의 잠든 얼굴을 보는 기쁨을 누리는 것은 엄마의 특권이다. 아기 때부터 수없이 봐왔던 그 모습을 보면 알 수 없는 뭉클함도 든다. 사춘기가 되었지만 잠든 모습은 여전히 사랑스럽다. 천사가 따로 없다.

이런 모습을 볼 때면 '내가 어떻게 이렇게 예쁜 아이들을 키울 수 있었을까?'라는 생각이 든다. 그러다가 아이들과 다투게 되면 '내가 왜 이 아이들을 낳았을까?'로 마음이 바뀌기도 한다. 아이를 대하는 감정은 하루에도 수십 번씩 바뀐다. 내 마음이 평온하지 못한 탓일 것이다. 클 것 같지 않았던 아이가 어느새 걷고 뛰고 유치원에 가고 학교에 갔다. 어린 시절의 육아는 그 구속감이 크게 보여서 어떻게든 벗어나고 싶을 때가 많았다. 그런데 지금 돌아보니 힘들고 감동적이었던 순간이 모여 엄마가 아니었으면 느끼지 못했을 감정의 성숙함이 생겼다. 아이들을 키우며 느껴지는 기쁨, 슬픔, 속상함, 뿌듯함, 노여움 등의 다양한 감정들, 나의 인격적 성숙함을 돌아보게 되는 육아의 경험은 내 인생에서 받은 가장 큰 선물이다.

딸들이 벌써 초6, 중2, 고1이 되었다. 아이들만 큰 것이 아니라 내나이도 세기 싫을 정도의 숫자가 되었다. 그러나 나이는 숫자에 불과한 것이 맞다. 20대, 30대의 나보다 40대 중반인 지금의 내가 더 마음에 든다. 약 3년간의 독서, 글쓰기, 달리기 루틴 덕분에 내 인생이 많이 달라졌기 때문이다. 가장 큰 성과는 지금 이렇게 한 권의 책을 쓰고 있다는 것이다.

꾸준히 이어온 루틴 덕분에 과거에 비해 나는 확실히 더 단단한 사람이 되었다. 약 3년 전 1cm의 유리 같았던 내 멘탈이 지금은 1.5cm의 조금은 더 밀도 있는 강화유리가 된 느낌이다. 《나를 단단하게 만드는 루틴의 힘》은 세 가지 성장 루틴을 통해 일상의 주인이 되고, 내가 만든 좋은 습관을 통해 스스로의 삶을 응원해 나가는 이야기를 담은 책이다.

세 가지 루틴을 통해 결혼 전 나의 밝고 씩씩했던 모습을 되찾았다.

세 아이의 엄마로만 살던 사람이 세 가지 루틴으로 일상의 주인이 되어 더 행복해졌던 이야기를 '1장 어느 날 내가 선명하게 보이기 시작했다'에 담아보았다.

첫 번째 루틴인 글을 쓰며 진짜 내 모습을 발견했다. 약 3년전부터 나는 글쓰기와 사랑에 빠졌다. 글을 쓰며 나를 치유했고 있는 그대로의 내 모습을 받아들이게 되었다. 거울에 비친 내 모습을 바라보듯 매일 글을 쓰며 나와 마주했다. 삼시 세끼를 먹는 일보다 '어떤 글을 쓰지?'라는 고민을 더 많이 하는 사람이 되었다. 글쓰기 루틴으로 나와 내 삶을 더 사랑하게 된 이야기를 '2장 매일 아침 글쓰기의 힘'에 담아보았다.

두 번째 루틴인 달리기를 하며 일상을 여행처럼 행복하게 살게 되었다. 꾸준한 러닝으로 신나고 설레는 하루를 시작하는 법, 천천히 달리면서 마음 근력을 키우는 법, 매일 아침 6시 운동화 끈을 묶으며 나를 뜨겁게 응원했던 시간의 이야기를 '3장 매일 아침 달리기의 힘'에 담아보았다.

세 번째 루틴인 독서를 하며 내 마음은 더 풍요롭게 채워졌다. 책을 읽으며 내 인생의 의미와 재미를 발견했다. 독서로 인해 나의 세계관이 바뀌었고, 자기 주도적인 인생을 살게 되었다. 책은 나를 더 따뜻한 사람으로 만들었고 더 나은 사람이 되게 해 주었다. 책을 읽으며 희망을 발견했기에 내 꿈에도 도전할 수 있었다. 삶의 위기를 독서로

극복한 이야기, 멘토를 만나 책을 썼던 이야기, 게으른 완벽주의자였던 내가 책을 읽으며 변했던 과정 등을 '4장 매일 1시간 독서의 힘'에 담아보았다.

세 가지의 루틴 덕분에 하나의 꿈을 이루었고, 또 다른 꿈을 꾸게 되었다. 미라클 모닝을 이어오다 보니 내 삶이 미라클이 되었다. 인생의 진정한 변화는 보이지 않는 곳에서 시작된다. 새벽에 일어나 조용히 책을 읽는 시간, 머리를 쥐어짜며 한 편의 글을 쓰는 새벽의 시간들이 모여 나를 성장시켰다. 5장에는 꾸준함과 좋은 습관, 긍정의 힘으로 내 삶을 변화시킨 이야기를 담아보았다. 세 가지 성장 루틴과 습관이 내 일상과 삶을 응원해 준 것처럼 이 책도 여러분의 삶에 조용하지만 따뜻한 응원이 되기를 바란다.

추천사 · 6

프롤로그_ 읽고, 쓰고, 달리면서 나와 내 삶을 더 사랑하는 법 · 12

제1장 어느 날 내가 선명하게 보이기 시작했다

어쩌다 아이 셋 맘, 평생 엄마로만 살아야 할까? · 22

엄마가 행복해야 아이도 행복하다 · 29

일상의 주인이 되면 인생의 주인이 된다 · 35

약속이 취소되면 오히려 더 좋더라 · 40

네 안에 잠든 거인을 깨워라 · 46

나는 단순하게 살기로 했다 · 53

행복은 강도가 아니라 빈도 · 58

제2장 매일 아침 글쓰기의 힘 :
진짜 나를 만나는 시간

새벽 4시 반, 엄마의 미라클 모닝 • 65

오늘의 어설픔과 실수는 내일을 위한 데이터가 된다 • 70

내가 찾은 돌파구, 블로그를 시작하다 • 75

첫 문장은 너무 어려워 • 81

삼시 세끼보다 더 많이 했던 고민들 • 87

나를 사랑하는 시간 • 92

하루 10분 글쓰기 루틴 만들기 • 97

제3장 매일 아침 달리기의 힘 :
뜨겁게 나를 응원하는 시간

매일 아침 6시 나는 운동화 끈을 묶는다 • 103

인생은 고통과 지루함을 오가는 움직임 속에 있다 • 109

우리 동네 하루키 • 115

Good run! Good luck! • 121

그럼에도 불구하고 달린다 • 127

내가 좋아지는 달리기, 뇌가 좋아지는 달리기 • 133

일상을 여행처럼 • 139

제4장 매일 1시간 독서의 힘 :
내면이 풍요로워지는 시간

힘들지 않았다면, 책을 읽었을까? · 145

내 인생의 멘토를 만나는 시간 · 150

내 속도대로 자유롭게 읽기 · 155

힐링과 성장 두 마리 토끼를 잡는 법 · 160

남에게 보여 주기 위해 인생을 낭비하지 말자 · 166

게으른 완벽주의자도 변하는 독서법 · 171

NO 휴대폰 WITH 북 · 177

제5장 새로운 꿈을 꾸면 새로운 삶이 열린다

지혜로운 엄마는 자신의 꿈을 꾼다 · 183

세상에 당연한 것은 없다 · 189

내 하루의 비타민 같은 시간 · 194

천천히, 꾸준히, 즐겁게 · 199

내 습관이 나를 이끈다 · 205

행동하고 나아가게 하는 긍정의 힘 · 210

내 삶이 나를 응원한다 · 216

에필로그_작은 것을 매일 해 주는 것이 실은 가장 큰 사랑이다 · 222

추천의 글 · 227

제1장

어느 날 내가 선명하게 보이기 시작했다

어쩌다 아이 셋 맘, 평생 엄마로만 살아야 할까?

2009년 9월 2일 미국 플로리다의 한 병원에서 첫 아이를 출산했다. 아기가 태어나기 약 한 달 전 남편은 차 안에서 뜬금없이 노래를 부르기 시작했다. 엄마가 아프지 않게 잘 태어나라는 내용으로 만화주제가를 개사해서 부르며 우리는 함께 웃음을 터뜨렸다.

뱃속의 아기는 마치 그 노래를 들은 것처럼 약 일주일 후 세상에 나오려고 꿈틀거리기 시작했다. 임신 중 많이 걸었던 덕분일까? 진통이 오자마자 병원에 갔고 침대에 눕자마자 아기가 세상 밖으로 나왔다. 예정일보다 한 달이나 빨리 세상에 나온 아기는 미숙아였다. 몸무게는 1.89kg이었고 몸은 가제 손수건으로도 덮을 수 있을 만큼 정말 작앉다. 첫딸을 만났을 때의 기쁨은 어떤 말로도 표현하기 어려울 정도의 감동이었다. 이렇게 태어난 첫딸은 지금도 호기심이 많다. 뱃속에서도 얼른 세상을 보고 싶었던 것 같다.

출산 직후 병원에서는 정말 차가운 오렌지 주스를 권했다. 내 생애 가장 기억에 남을 것 같은 그런 음료였다. 너무 빠르게 진행된 출산이라 엄마가 되었다는 느낌보다는 꿈을 꾸는 것 같았다. 한국과는 많이 다른 산후조리 풍경 때문이기도 했다. 같은 병실의 외국인 산모들은 민소매 티셔츠 차림으로 아이스 콜라를 물처럼 마셨다. '나는 누구? 여기는 어디?' 물음표가 머릿속을 떠다녔다. 그렇게 어리둥절한 2박 3일을 보낸 후 집으로 돌아왔다.

모유 수유를 하고 싶었는데 마음대로 되지 않았다. 너무 속이 상해서 많이 울기도 하다가 결국 혼합 수유를 하기로 했다. 유나히 작았던 아기는 잠에 예민했다. 작은 소리에도 잘 깨고 밤에는 2시간 간격으로 일어났다. 밤중 수유, 수면보다 더 힘들었던 것은 내 자유가 없어졌다는 것이다. 원하는 때에 밥을 제대로 먹을 수 없다는 것이 약간 서럽기까지 했다. 신비롭고 사랑스러운 아기를 보는 기쁨은 공짜가 아니었다. 하루하루가 힘들었던 기억인데 어쨌든 시간은 흘러갔다. 첫딸의 100일이 지나고 우리 가족은 한국으로 오게 되었다.

2013년 2월에 셋째를 낳으며 세 아이의 엄마가 되었다. 결혼 전 직업이었던 초등학교 교사보다 아이를 키우는 엄마가 더 익숙한 사람이 되어갔다. 두 살 터울의 세 아이를 키우며 총 9년의 육아 휴직을 했다. 언젠가는 당연히 돌아갈 거라는 생각으로 아이들 육아에 전념하다 보니 9년이 훌쩍 지나갔다. 복직이 1년 앞으로 다가왔을 때 당시의 거주지는 서울, 예전 임용 지역은 인천이었다. 세 아이를 돌보며 다니기에는 물리적 거리도 멀게 느껴졌다. '세 아이 육아와 교사 생활을 병행할 수 있을까?' 두려움이 앞섰다. 결국 복직이 아닌 명예퇴직을 택했다.

교사를 그만둔 대신 집에서 아이들 교육을 해 보고 싶었다. 예체능 외에는 학원을 보내지 않았다. 거실에는 티브이 대신 커다란 책장을 두었다. 그 앞에 큰 탁자를 놓고 언제든 책을 읽거나 공부할 수 있는 환경을 만들었다. 세 자매는 함께 공부하고, 그림도 그리며 책을 읽었다. '영어' 환경에도 꾸준히 노출시켰다. 아침마다 오디오 CD를 들려 주었고 자막 없이 영어 DVD를 자주 보여 주었다. 하루의 일정 시간은 나와 함께 책을 읽고 영어 공부를 했다. 세 딸에게 독서, 영어, 공부는 놀이처럼 '그냥 하는 것'이 되었다. 초6, 중2, 고1이 된 지금도 세 딸은 사교육 없이 자기 주도적으로 학습한다.

아이들이 크면서 조금씩 내 시간이 생기기 시작했다. 약 10년 전만 해도 나만의 시간을 잘 활용하지 못했다. 가끔 책을 읽고, 운동은 매일 했지만, 집에 혼자 있거나 살림을 할 때는 나도 모르게 우울해졌다. 육아와 가사 노동은 의미 있는 생산 행위이지만 스스로 가치 부여하기가 쉽지는 않다. 누구 하나 알아주는 사람도 없고 뚜렷한 보상도 없기 때문이다. 그렇다고 마음대로 그만둘 수도 없는 어찌 됐든 내가 해야만 하는 일이다.

남편은 경력이 쌓이고 연봉이 올라가는데 '나는 뭐지?'라는 생각도 종종 들었다. 힘들었지만 누구에게 내 고충을 말하기도 애매했다. 약 9년간 육아와 살림을 했던 내가 번아웃이 와도 이상하지 않은 상태였지만 왠지 눈치가 보였다.

번아웃은 너무 열심히만 살다가 휴대폰 배터리가 방전된 것처럼 더 이상 아무것도 할 수 없는 상태를 뜻한다. 그런 단어가 나와는 무관하다고 느꼈다. '내가 그럴 자격이 있나?' '복직을 했다면 괜찮았을까?' 후회와 자책을 반복하며 자연스레 자존감도 낮아졌다. 번아웃에도 자격이 필요하다고 생각했다.

그러던 중 책을 읽다가 우리 사회에서 번아웃을 가장 많이 겪는 직업군 1순위가 전업주부인 것을 알게 되었다. 이유는 '노동량 대비 보상이 가장 적은 집단'이기 때문이다. 힘들었던 내 감정에 당위성이 생기는 느낌이었다. 끝이 없는 육아도 쉬운 일은 아니다. 아이를 잘 키워야 한다는 의무감과 책임감, 자녀가 잘 크지 못하는 것이 내 탓인 것 같은 죄책감을 느낄 때도 있다.

내가 힘든 것에는 다 이유가 있었는데 나 자신을 이해해 주지 못했다. 실체를 정확히 알 수 없는 억울함, 허무함, 복잡한 감정들이 나를 짓누르고 있었다. 그런 감정을 외면한 채 힘든 것조차 주위 눈치를 본 것이 나에게 미안해졌다.

그러던 중 우연히 시작하게 된 달리기를 통해 마음의 짐을 많이 내려놓게 되었다. 달리기를 하며 새로운 힘을 얻을 수 있었고 주부 번아웃에서 서서히 탈출하게 되었다. 4년 전부터 새벽마다 집 근처 청계천을 달렸는데 땀보다는 눈물을 더 많이 흘렸다. 달리면 달릴수록 후회, 죄책감, 서러움 등 억눌렸던 감정이 많이 올라왔다. 그러나 달린 뒤에 개운하고 가벼워진 느낌이 참 좋았다. 스스로 돌파구를 찾아낸 내가 대견하게 느껴졌다.

달리기와 더불어 글쓰기를 하며 나를 인정하고 받아들였다. 어설프고 약한 모습도 괜찮다고 나를 토닥여 주었다. 진심으로 나를 위로해 주는 시간이 쌓이면서 나는 점점 치유되고 되살아났다. 9년간 육아로 소진되었던 내 에너지는 달리기를 통해 조금씩 채워졌다. 나에게만 집중하며 달렸던 시간을 통해 과거의 밝고 씩씩했던 내 모습을 되찾을 수 있었다.

육아란 자녀를 키우는 동시에 아직 덜 자란 내 안의 아이를 키우는 일이다. 세 아이를 키우며 부족하고 어설픈 나의 모습을 자주 마주한다. 시간의 여유가 생긴 요즘에서야 내 모습도 아이들의 모습도 조금은 객관적으로 보인다. 아이의 예쁜 모습도 나를 화나게 하는 모습도 모두 나와 닮아있다. 잔소리로 그 행동을 바꾸려는 노력은 효과적이지 않다. 딸들을 바꾸려 하기보다는 나 자신을 변화시키기로 했다. 내가 더 나은 모습으로 변하면 아이도 그 모습을 닮아갈 테니까 말이다. 엄마를 잘 인정하지 않는 사춘기 딸도 꾸준히 달리는 내 모습에는 엄지 척을 해 준다.

독서와 달리기, 글을 쓰는 시간과 여유는 내가 나에게 허락하는 것이다. 내가 나를 챙기지 않으면 아무도 내 여유와 행복을 챙겨주지 않는다. 나부터 나를 챙기고 내가 먼저 행복해야 한다. 내가 행복할 때 타인과 진정한 관계를 맺을 수 있고 누군가에게도 힘이 되어줄 수 있기 때문이다.

늘 엄마의 역할로만 살면 가족도 나의 소중함을 알지 못한다. 꾸준히 나만의 시간을 가지고 가끔은 가족 없이 여행도 떠나야 한다. 엄마로만 살지 않을 때, 더 행복하고 건강한 엄마로 살 수 있다.

지난 3년간 독서와 글쓰기를 하며 나 자신에게 집중했다. 아이를 키우듯 나를 키우고 스스로를 단련시켰다. 느려도 실망하지 않았고 나만의 속도로 매일 새벽 한 걸음씩 나아갔다. 꾸준히 내 시간을 가지면서 나를 더 존중하고 사랑할 수 있었다. 엄마, 직장인, 아내의 역할을 잠시 내려놓고 나만의 시간을 충분히 가지면 있는 그대로의 내 모습을 사랑할 수 있게 된다.

나는 엄마이기 이전에 그냥 나이다. 부모라고 해서 늘 강해야 하는 것은 아니다. 괜찮은 척, 강한 척하지 않아도 괜찮다. 상처를 받았다면 치료하고, 잘못을 했다면 용서하는 시간을 지면 된다. 슬프면 울고 힘들면 쉬고 무거우면 내려놓자. 무언가를 멋지게 잘 해내는 모습도 나이지만, 작은 일에 무너지고 좌절하며 상처받는 모습도 나이다. 나를 함부로 대하지 말자. 나만의 시간을 가지고 꾸준히 나를 사랑하고 아껴주자. 나 그리고 당신은 있는 그대로도 충분히 괜찮은 엄마이다.

엄마가 행복해야 아이도 행복하다

결혼 후 근무 중이었던 학교에 동반 휴직을 내고 미국에서 신혼 생활을 시작했다. 낮에는 영어 공부를 하고 저녁에는 학교에서 오는 남편을 기다렸다. 내가 설마 누군가의 귀가를 기다리는 삶을 살게 될 줄은 몰랐다. 딸이 태어난 후에는 아기 중심의 시간을 살게 되었다. 남편과는 떨어져 있을 시간이라도 있었지만, 아기하고는 늘 붙어 있어야 했다.

한국에 와서 둘째를 낳은 후, 산후조리원에 들어갔다. 첫아기 때 산후조리에 비하면 신세계가 따로 없었다. 조리원에서는 수유할 때 빼고는 아기를 다 돌봐 주었다. 삼시 세끼 미역국과 맛있는 밥도 나왔고 엄마들끼리의 모임도 만들어졌다. 일명 '조리원 동기'가 생겼다. 비슷한 시기에 아기를 낳고 같은 조리원에 들어왔다는 이유로 뭉치게 되는 것이 재미있었다. 첫 아이를 낳은 엄마도 있었지만 셋째를 낳은 사람도 있었다. 아이를 셋이나 낳다니 무척 신기해 보였는데 2년 후 나도 신기한 사람이 되어 있었다. 셋째를 낳은 한 명의 엄마가 구심점이 되어 다섯 명의 모임이 만들어졌다.

조리원 동기들을 만나 노는 시간은 즐거웠으나 집에 돌아오면 할 일이 쌓여 있었다. 친목, 육아, 살림 세 가지를 동시에 하기에는 내 에너지가 부족했다. 모임에 나가는 횟수를 점점 줄여야 했다. 두 아이를 키우며 사람들을 만나는 것이 내게는 사치였다.

아이들을 키우며 내 시간을 자유롭게 쓸 수 없다는 것이 많이 답답하고 힘들었다. 아이는 같이 낳았는데 나 혼자만 희생하는 것 같은 억울함도 있었다. 다행히도 아이들이 크는 모습을 보는 기쁨으로 힘든 감정을 어느 정도는 이겨낼 수 있었다. 얼마 전 아이들 어린 시절의 동영상을 보았다. 남편이 찍어준 동영상에는 어린 딸들을 보며 행복해하는 10년 전의 내가 있었다. 그 시기의 세 딸들은 눈에 넣어도 아프지 않을 것 같은 사랑스러움 그 자체였다.

10년 전 유치원 재롱잔치에서 큰 딸의 발레 공연을 보게 되었다. 생애 처음 보는 딸의 무대였다. 텅 비어 있던 단상 위로 귀여운 7세의 여자 친구들이 차례로 등장하기 시작했다. '내 딸은 어디 있지?' 한참을 찾았는데 맨 앞줄 한가운데 아이가 서 있었다. 순간 나도 모르게 눈물이 왈칵 쏟아졌다. 미숙아로 태어났던 딸이 어느새 커서 사람들 앞에서 공연을 하다니 기분이 이상했다. 건강하고 예쁘게 잘 커 준 아이가 기특하고 대견했다. 딸의 출생 이후 두 번째로 감격 적인 순간이었다.

언니와 두 살 터울의 둘째는 정말 크고 예쁜 눈망울을 가진 아이였다. 똘망똘망한 눈으로 아기 때부터 책을 읽는 모습이 어찌나 사랑스러웠는지 모른다. 스스로 앉을 수 있었던 6개월 시절부터 한자리에 앉아서 진득하게 그림책을 보았다. 한 권을 보고 옆에 내려놓고 또 다른 책을 꺼내 보며 책 탑을 쌓아갔다. 첫째와는 달랐던 모습이 신기했다. 그렇게 책을 보던 아이는 지금도 책을 좋아한다. 주말이면 도서관에서 온종일 책에 빠져서 살기도 한다.

귀여운 막내는 아기 때부터 늘 웃는 얼굴을 하고 있었다. 아기그네에 태워놓으면 3살, 5살 언니들이 신기하게 바라보며 아기의 볼을 쿡쿡 찔러댔다. 그래도 좋다고 늘 방긋거리며 웃었던 셋째는 나의 비타민 같은 존재였다. 하루하루 크는 게 아까울 정도로 사랑스러웠다. 셋째에게 정말 자주 했던 말이 있다.

"제발 그만 크면 안 될까?"

약 10년 전, 세 딸 들은 날마다 동요를 틀어놓고 엉덩이를 씰룩거렸다. 귀엽게 춤추고 노래했던 모습이 아직도 눈에 선하다. 어느 날은 루피가 되었고 어느 날은 엘사로 변신했다. 다 같이 외출하는 차 안에서는 '뽀로로와 노래해요.', '예쁜 아기곰', '같이 눈사람 만들래?'를 무한 반복으로 들었다. 동요가 k-pop으로 바뀌는 날이 온다는 것을 그때는 알지 못했다. 요즘에는 차를 타면 아이유나 데이식스의 노래를 듣거나 각자 이어폰으로 자신이 원하는 곡을 듣는다.

늘 옆에 있으면 그것의 소중함을 모르고 영원히 지속될 것 같다. 그러나 모든 것이 빠르게 흘러가고 지나가기에 순간을 살아야 함을 느끼는 요즘이다. 힘들다고 불평하고 투덜거리기에는 인생이 참 짧다. 사랑만 하기에도 모자란 시간이다. 아이들이 어릴 때는 육아가 힘들다고만 생각했었다. 어느새 시간이 흘러 딸들의 그 시절을 떠올리며 애틋해하고 그리워 한다는 것이 잘 믿기지 않는다.

세 아이 육아를 하는 내내 사실은 많이 외로웠다. 나의 감정을 알아주고 돌아보는 시간이 없었기 때문이다. 아무리 사랑하는 존재가 있더라도 나 자신으로 사는 시간이 없으면 사람은 외로워진다. 아이가 어릴수록 엄마는 나만의 시간을 꼭 가져야 한다. 내 마음을 잘 챙기고 자신의 감정을 잘 돌볼 때 더 행복한 육아를 할 수 있기 때문이다.

얼마 전 사촌 여동생의 아기를 보고 왔다. 태어난 지 약 6개월 정도 된 아기는 뒤집기에 한창이었다. 조심스레 아기를 안아보았다. 아기는 '낯선 이 사람은 누구지?'라는 표정으로 나를 바라보았다. 반짝이는 눈동자로 나와 눈맞춤을 하는 아기가 참 귀엽고 사랑스러웠다.

아기 때는 작고 연약한 존재가 온전히 나에게만 의지한다. 유치원,

초등학교 저학년 때까지도 아이에게 엄마와 아빠는 커다란 존재이다. 부모는 아이에게 하나의 우주이다. 아이들에게는 우주였을 나와 한없이 사랑스러웠던 딸들이 존재했던 그 시기가 쏜살같이 지나가 버렸다. 독박 육아의 시기가 억울하다는 생각도 했었다. 그러나 돌아보니 그 덕분에 딸들의 가장 예쁘고 순수했던 시간을 온전히 함께 보낼 수 있었다. 엄마로 살 수 있어서 행복했던 시간이다. 모든 것에는 때와 시기가 있고 잃는 것이 있으면 얻는 것이 있다.

아이들의 성장 시기에 따라 그때에만 느끼고 교감할 수 있는 순간이 있다. 시기에 맞는 사랑이 필요하다. 태어나서 네 살까지는 어미새가 알을 품듯 많이 안아주고 한 몸처럼 지내는 것이 좋다. 그 시기를 지나 초등학교 중학년만 되어도 아이는 스스로 무언가를 해 보려고 시도한다. 옆에서 지켜봐 주면서 응원과 격려를 해 주면 좋을 시기이다. 중학생이 되면 부모보다는 친구가 우선이다. 잔소리와 관심을 줄이고 거리 두기를 해야 평화롭게 지낼 수 있다.

초등학교 6학년인 막내의 친구 엄마와 카페에 간 적이 있다. 그분은 자리에 앉자마자 자녀 이야기를 하며 눈물을 많이 흘렸다. 아이가 내 뜻대로 되지 않는다는 것과 딸과 실랑이를 버리는 자신의 모습에서 자괴감을 느끼는 듯했다. 공감이 되었다. 초등학생 자녀와 말다툼을 하다 보면 '내가 왜 이러고 있지?'라는 생각이 나를 더 힘들게 한다. 마음대로 안 되는 자녀보다 더 나를 힘들게 하는 것은 마음대로 안 되는 나 자신이다. 내가 생각하는 이상적인 엄마의 모습과 현실적인 내 모습의 괴리감이 클수록 마음은 더 괴롭다. 좋은 엄마의 반대말은 나쁜 엄마가 아닌데 내가 좋은 엄마가 아닌 것에 죄책감, 자괴감이 든다.

좋은 엄마가 아니어도 사춘기 자녀와 관계를 잘 유지할 수 있다. 다음의 세 가지를 기억해 보자. 첫째, 내가 기본이라고 생각하는 것이 아이에게는 버거운 일일 수 있다. 이해가 안 될 수 있다. '이 정도는 해야지, 이건 기본이야.'라는 내 기준에 대해 다시 생각해 볼 필요가 있다. 둘째, 사춘기 아이와는 거리 두기를 해야 한다. 간섭하고 잔소리를 하는 것은 아이와 멀어지기 위해 애쓰는 행동이다. 때로는 침묵이 더 좋을 수도 있다. 셋째, 아이와는 무관한 나만의 기쁨을 찾아야 한다. '엄마는 뭘 하길래 저렇게 매일이 즐겁고 행복할까?'라는 생각이 들 정도로 내가 즐겁게 할 수 있는 일을 찾아보자. 나의 행복한 기운이 아이에게 그대로 전달될 것이다.

아이와 함께 살아가는 시간을 통해 부모에게는 다시 한번 성장할 기회가 주어진다. 물질적 풍요도 좋지만, 정서적 풍요가 자녀에게는 더 큰 영향을 줄 것이다. 진짜 사랑은 주면 줄수록 마음이 더 풍요로워진다. 아이를 보고 환하게 웃고 따뜻하게 안아주자. 그리고 칭찬해주자. 더불어 엄마는 다른 사람보다 더 행복해야 할 의무도 잊지 말자. 엄마가 행복해야 아이도 행복하다.

일상의 주인이 되면 인생의 주인이 된다

    나의 하루는 보통 새벽 4시 30분에 시작된다. 기상 후 약 2시간 동안 독서, 글쓰기, 운동을 한다. 맑은 정신으로 루틴을 끝내면 몸과 마음이 가벼워진다. 이렇게 시작한 하루는 단순하지만 나답게 사는 일상으로 이어진다. 세 가지 습관을 루틴으로 만들면서 내 일상의 모습은 많이 달라졌다.

    약 3년 전에 비해 요즘은 더 많은 일을 하고 있지만 시간과 마음은 오히려 더 여유롭다. 달라진 점이 있다면 내 삶의 중심이 되는 일과 일상의 리듬이 생겼다는 것이다. 하루를 시작할 때 아무런 계획도 하지 않고 일정한 루틴이 없으면 자유로울 것 같지만 오히려 그 반대이다. 일상의 체계가 없으면 하루가 무너지기 쉽다. 계획을 세우고 실천하기가 어려운 사람도 습관을 루틴으로 만들면 일상의 주인이 될 수 있다. 일을 많이 하는 것보다 더 중요한 것은 일의 우선순위를 정해서 시간을 효율적으로 보내는 것이다.

아침에는 간단히 하루의 계획을 세운다. 오전과 오후로 나누어 그 시간에 해야 할 일을 적는다. 예를 들면 오전의 계획은 '책 퇴고 2시간, 달리기 30분 하기, 오후의 계획은 '정리, 요리를 각각 1시간씩 하기'이다. 계획대로 이루어지지 않는다고 좌절할 필요는 없다. 시행착오를 겪다 보면 나에게 맞는 리듬을 찾게 되기 때문이다. 내가 만드는 하루는 실수가 있고 조금 어설퍼도 다 용서가 된다. 내 시간과 하루의 주인이 되어가는 과정이 즐겁고 뿌듯하기 때문이다.

나를 충만하게 해 주는 일을 했을 때 내 시간은 좋은 느낌으로 채워진다. 반면 시간을 때운다는 기분으로 무엇을 하거나 감정을 추스르지 못해 안 좋은 선택을 했을 때는 느낌이 별로 좋지 않다. 찝찝한 여운이 남는다. 익숙하기에 편하고 쉬운 일과 불편하고 낯설지만 내가 꼭 도전해 보고 싶은 일 중 후자를 선택했을 때 나는 더 단단하게 성장할 수 있다.

하루의 일과를 그려보고 나를 성장시키는 루틴을 지속하다 보면 작은 시간도 허투루 쓰면 안 되겠다는 생각이 든다. 가족과의 시간을 보내더라도 버려지는 시간이 생기지 않도록 주의를 기울이게 된다. 상황에 끌려가는 것이 아니라 내가 주도하는 하루를 보냈을 때 뿌듯하고 좋은 기분으로 잠들 수 있기 때문이다.

결혼 후 나는 '나 자신'보다 엄마와 아내의 역할로 존재하는 시간이 더 많았다. 자유로웠던 내 영혼은 결혼 후 어디론가 사라졌다. 육아를 하며 외롭고 답답했던 이유는 '나'는 없고 '엄마'만 있었기 때문이었다. 아내와 엄마의 역할을 잘 해내기 위해서는 '내'가 먼저 있어야 한다. 내가 빠진 채로 나의 역할로만 사는 삶은 공허하고 불행하다.

인생의 주도권을 되찾고 싶었다. 내가 원하는 것을 찾고 그것에 집중해 보기로 했다. '여자, 아내, 엄마는 이래야만 해!'라는 고정 관념에서 나를 해방시켰다. '가족 모두의 편안함을 위해 내가 참자.' 같은 맹목적인 희생도 하지 않기로 했다. 모두의 평화를 최우선의 가치로 생각했던 오래된 생각 습관에서 나를 놓아주기로 했다.

타인을 원망하지는 않기로 했다. 내 삶이 힘들어진 이유를 환경 혹은 남이라고 생각하는 순간, 원망의 늪에 빠지게 되고 나는 그것을 바꿀 수 없는 무력한 사람이 되기 때문이다. 통제 소재를 내 안에 있다고 생각해야 작은 것 하나라도 내가 할 수 있는 일을 찾게 된다. 그 과정에서 자존감도 높아진다.

독박육아의 외로움, 배우자와의 갈등으로 인한 고통이 없었다면 나를 돌아보지 않았을 것이다. 사람은 문제가 생겼을 때 답을 찾기 위해 애쓴다. 그 과정에서 시행착오를 겪으며 깨달음을 얻을 수 있다. 내게 생겼던 문제 상황에 지금은 오히려 감사한다. 그 덕분에 나답게 성장하게 되었으니 말이다. 변화를 위해 시작했던 독서와 글쓰기를 통해 용기와 지혜가 생겼다. 내 앞의 문제를 마주하고 스스로 해결하고 싶어졌다. 꾸준히 달렸고, 블로그에 글을 올리면서 나도 무언가를 할 수 있다는 자기 효능감이 생겼다.

내 삶의 주인으로 살기 위해서는 구체적으로 내가 원하는 것과 지향하는 가치를 알아야 한다. 내가 추구하는 가치는 성장과 나눔 그리고 자유이다. 매일 책을 읽고 글을 쓰는 이유는 꾸준히 성장하기 위함이다. 사람들을 직접 만나서 소통할 때만 얻는 에너지도 좋지만 그것보다 나는 혼자만의 자유를 더 선호한다. 원하는 때에 블로그에 글을 올리고 결이 맞는 사람과 소통하는 것이 지금의 내게는 더 잘 맞는다. 내가 무엇을 할 때 기쁘고 보람을 느끼는지 적어본다면 내 핵심 가치를 발견할 수 있을 것이다. 그 가치를 추구하며 살 때 나는 더 나답게 살아갈 수 있다.

인생의 주인으로 사는 것은 단순히 내 마음대로 사는 것을 뜻하지 않는다. 끊임없는 자기 수양 과정을 통해 내 삶의 흐름을 내가 원하는 방향으로 만들어 가는 전략이 필요하다. 좋은 습관으로 나를 다스릴 때 일상의 리듬과 흐름을 바꿀 수 있다. 시간과 에너지를 통제할 수 있을 때 내 하루의 주인이 될 수 있다. 일상의 체계를 세우고 규칙적인 생활을 했을 때 여유 시간도 더 많이 누릴 수 있다. 인생을 바꾸려면 일상의 리듬을 바꿔야 한다

작은 행동으로 시작한 것이 습관이 되면 다른 새로운 행동과 연결이 된다. 이것이 자동화되면 내 일상을 지켜주는 루틴이 된다. 그 이후에는 몸이 알아서 움직이기에 '이제 무엇을 하지?'라고 생각할 필요가 없다. 아침을 정신없이 보내는 것과 나만의 루틴에 따라 움직이는 것은 완전히 다르다. 아령을 드는 동작의 반복으로 팔 근육을 만드는 것처럼 매일 실천하는 루틴은 나의 일상을 더 단단하게 만들어 준다.

3년간 미라클 모닝을 하며 내가 했던 루틴은 일상의 시스템이 되었다. 매일의 루틴으로 찍었던 점들은 선이 되었고, 그 선이 모여 나라는 사람의 새로운 한 면이 되었다. 오늘 루틴을 하는 것은 오늘로 끝나지 않는다. 그 점은 반드시 나의 미래와 연결된다. 내 일상을 설계하고 좋은 습관들로 꾸준히 채워나가다면 내 일상의 주인, 더 나아가 내 인생의 주인으로 살 수 있을 것이다.

약속이 취소되면 오히려 더 좋더라

학창 시절 나는 모범생으로 살았다. 어른들의 말을 잘 듣고 뭐든 열심히 하는 그런 아이였다. 초등학교 시절 교회를 다닐 때는 성가대 활동과 전도도 매우 열심히 했다. 성탄절 행사에서는 늘 사회를 맡을 정도로 주목을 받았다.

교회 중등부가 되었을 때는 어쩌다 보니 친구들 무리에 끼지 못했다. 늘 주인공을 하다가 혼자가 된 기분이 별로 좋지는 않았다. 내가 초라해진 느낌이 참 싫었다. 의기소침해진 나는 교회와도 멀어졌다. 따돌림을 당한 것은 아니었지만 소외감을 견디기 힘들었다. 다행히도 이 경험은 나중에 교사 생활을 할 때 도움이 되었다. 인기가 많고 모범생인 아이들 보다 혼자 있는 친구들에게 자연스럽게 더 마음이 갔다. 나는 지금도 인기가 많은 사람보다 외로워 보이는 사람에게 더 관심이 간다.

20대 시절의 나는 주말에 할 일이 없는 것을 잘 견디지 못했다. 외로운 게 두려웠고 내가 외로운 사람처럼 보이는 게 싫었다. 텅 빈 시간을 채우기 위해 애써 약속을 잡기도 했었다. 혼자 있으면 큰일 나는 줄 알았다. 그 시절의 나는 시간의 소중함을 깨닫지 못했기에 내 시간을 잘 다루지 못했다.

교사 생활을 할 때는 회식 자리를 좋아했다. 맛있는 음식을 먹으며 사람들과 어울리는 분위기가 즐거웠다. 적극적으로 나서거나 시끄럽게 노는 편은 아니고 낯을 좀 가리는 편인 나는 마음이 잘 맞는 사람을 만날 때만 수다쟁이가 된다. 처음 발령 받았던 학교에서 마음이 잘 맞는 동학년 선생님들과 모임이 만들어졌다. 서로 간의 호흡이 잘 맞았던 사람들이다. 그 시절 막내였던 나는 마음껏 까불고 선배 선생님들께 장난도 많이 쳤다. 한 선생님이 나에게 했던 말이 가끔 기억난다.

"네 머릿속에는 뭐가 들었는지 참 궁금하다."

욕이었는지 칭찬이었는지는 모르겠다. 자유로운 영혼, 4차원이라는 말도 많이 들었다. '명랑하고 밝지만, 왠지 엉뚱한 사람'이 다른 사람들이 보는 내 이미지였을 것이다. 30대 후반까지 나를 외향인으로 알고 살았는데 성향 검사를 해 보니 내향인이라는 결과에 조금 놀랐다. 세 아이를 키우면서 사람을 잘 만나지 않다 보니 그런 성향으로 변한 듯하다.

가끔 MBTI에 관한 설명을 찾아서 읽어볼 때가 있는데 내 성향을 설명한 것 중에서 다음과 같은 내용이 있었다.

'약속이 취소되면 오히려 더 좋아하는 사람'

내가 정말 그렇다. 약속을 잡을 때도 좋지만 그 약속이 취소되면 왜 더 좋은지 모르겠다. 어떤 옷을 입어야 할지, 머리는 어떻게 해야 할지, 평소 잘 하지 않는 화장도 해야 하는 등 외출 준비부터 신경이 많이 쓰인다. 나가기도 전에 에너지 소모가 큰 느낌이 든다.

외롭고 심심할 때 우리는 누군가를 만나고 싶어 한다. 물론 나도 그렇다. 마음에 맞는 사람을 만나 커피 한잔하며 웃고 떠드는 것을 좋아한다. 예전에는 친구가 많은 사람을 부러워했지만, 지금은 일부러 사람을 만나지 않는다. 타인에게 쓰는 시간과 에너지를 나에게 쓰고 싶을 때가 더 많다. 그 시간을 꼭 생산적으로 쓰지 않더라도 혼자 지내는 것에 더 익숙해졌다. 혼자서 카페도 잘 가고 맛있는 것도 잘 사 먹는다. '과거에 외로움을 많이 탔던 내가 맞나?' 싶을 정도로 혼자 잘 지낸다. 가끔 친구가 그립고 누군가를 만나고 싶어질 때는 온다. 오래 혼자 지내다가 누군가를 만나면 그렇게 반가울 수가 없다.

사람은 누구나 외롭다. 그렇기에 친구도 사귀고 애인도 만들고 결혼도 한다. 그러나 어떤 종류의 외로움은 사람을 만나도 채워지지 않는다. 철학자 하이데거는 '인간을 세상에 던져진 존재'라고 말했다. 누구도 자기가 원해서 태어난 사람은 없다. 외로움은 본질적인 것인데 우리는 관계를 통해 그것을 내려놓고 싶어 한다. 친구를 사귀고 무리에 소속되기 위해 애쓴다. 하지만 관계 속에 있다고 해서 외롭지 않은 것은 아니다.

혼자 있을 때도 행복을 느끼기 위해서는 나만의 기쁨과 재밋거리가 필요하다. 나는 혼자만의 시간을 나와의 데이트라고 생각한다. 연인과 데이트를 하면 둘만의 추억이 쌓이듯 나와 데이트를 하면 나와의 추억이 쌓인다. 블로그 챌린지 중 '오늘의 나를 대접합니다.'라는 것이 있었다. 나에게 맛있는 음식을 대접하고 그것을 소개하는 챌린지였다. '이런 거라면 자신 있지'라고, 생각했는데 막상 해 보려니 혼자 식당에 가는 게 조금 쑥스러웠다.

이날은 마침 달리기 어플 캘린더에 한 달간 모두 도장을 받은 날이기도 했다. 어쩌다 보니 꾸준히 달린 나를 위한 대접이 되었다. 파스타집에 가서 내가 좋아하는 알리오 올리오를 시켰다. 조금 어색했지만 내가 나에게 좋아하는 음식을 사 주는 기분이 꽤 괜찮았다. 그로부터 2년이 지난 지금은 혼밥이 아무렇지도 않다. 평소 가족들의 취향에 맞추느라 먹지 못했던 음식은 혼자 있을 때 야무지게 먹는다. 보고 싶은 영상을 보거나, 책을 읽으며 먹는 혼밥을 즐기게 되었다.

가을의 어느 날 서울숲에 가기 위해 새벽 6시에 집을 나섰다. 출근 시간을 피해 일찍 나선 덕분에 해 뜨기 전 한강의 하늘을 볼 수 있었다. 평소라면 집에서 아이들 등교 준비를 했을 시각에 혼자 드라이브를 즐기게 되니 기분이 묘했다. 동틀 무렵의 한강을 볼 수 있다니 그 자체로 기뻤다. 하늘만 봐도 감탄을 느끼며 행복해질 수 있는 시간이었다.

서울숲 도착 5분 전에는 조금 설레고 흥분되기까지 했다. 혼자 여행이라도 온 듯한 기분을 느꼈다. 주차를 하고 차에서 내리니 날이 쌀쌀했다. 멋진 은행나무 길을 상상했는데 아직 물들지 않았다. 조깅하는 사람들이 있는 풍경을 예상했는데 썰렁한 공간을 나 혼자 달렸다. 아이들이 계속 전화를 하는 바람에 집중도 깨지고 손이 시려 사진도 마음껏 찍기가 어려웠다. 예상치 못한 일들로 채워졌지만 아무렴 어떤가? 평일 아침에 내가 원하는 장소를 달리고 있는 것에 만족하고 감사했다.

누군가를 사랑하면 그 사람과 오랜 시간을 함께 있고 싶어진다. 내 시간을 기꺼이 상대에게 내어 주게 된다. 나에 대한 사랑도 마찬가지이다. 약 2년간 나는 나에게 많은 시간을 주었다. 충분히 책을 읽고, 글을 쓰고, 달리고 명상하는 시간을 나에게 허락했다. 혼자만의 시간을 통해 나를 더 깊이 사랑하게 되었다. 나에게 필요한 말과 인정과 사랑을 스스로 해줄 수 있는 힘이 생겼다. 외로움을 견딘 시간만큼 나는 확실히 더 강하고 단단해졌다.

　나만의 시간은 그 자체로 치유가 된다. 세상의 기준과 타인의 시선으로부터 나를 지키는 시간이 되기 때문이다. 나는 나인데 누군가와 비교하며 '나는 못났어'라고 생각하는 것은 나에게 미안한 일이다. 혼자인 시간은 나의 비밀 무기이자 믿을 구석이다. 힘든 일이 생기고 좌절할 때도 혼자만의 시간을 통해 어떻게든 다시 회복하고 중심을 잡는다. 이 책을 읽는 당신도 어느 정도는 나만의 시간을 즐기는 사람일 것이라 예상해 본다.

　혼자서 차를 마시며 나를 돌아보는 것만으로도, 좋아하는 음악을 들으며 휴식을 취하는 것만으로도, 혼자 산책하며 사색에 잠기는 것만으로도 당신은 잘 살고 있는 것이다. 타인이 아닌 나를 사랑하는 시간을 가질 줄 알기 때문이다. 약속이 취소되어도 오히려 더 좋아할 수 있는 사람, 나는 그런 사람이 좋다.

네 안에 잠든 거인을 깨워라!

내 안에는 매일 글을 쓰는 '나', 달리기를 하는 '나', 책을 읽고 쓰는 내가 살고 있다. 한때는 초등학생을 가르쳤던 '나', 비행 청소년의 인성 지도를 했던 '나'로 산 적도 있다. 세바시를 보며 강사가 된 '나'를 그려보기도 하고 여행을 하며 글을 쓰는 '나'를 떠올려 볼 때도 있다. 잠들어 있는 여러 개의 내 모습 중 자주 불러낸 '나'는 나의 정체성이 된다. 지금의 내 모습이 마음에 들지 않는다면 또 다른 나를 찾아야 한다. 잠들어 있던 나를 불러내는 순간 새로운 삶을 살 수 있다.

내가 살아 있다는 느낌이 들게 해 주는 활동이나 시간 가는 줄 모르고 빠져드는 일이 있는가? 이런 일은 누군가 알아주지 않아도 크게 상관이 없다. 내가 사랑하고 좋아서 할 수 있는 일은 그 자체로 나에게 기쁨을 주고 내 영혼을 깨워주기 때문이다.

달리고 책을 읽고 글을 쓸 때 내가 가장 나답게 살아있다는 생각이 든다. 그 느낌은 조용하지만 강력하다. 어떤 일을 했을 때 좋은 느낌이 들면 그 일을 계속하게 된다. 즐겁고 행복하다는 느낌이 무의식에 각인되기 때문이다. 내가 하는 일 중 하나라도 내 영혼이 기쁘게 느낄 만한 것이 있다면 그로 인해 내 삶은 더 행복하고 충만해질 것이다. 영혼의 소리에 귀를 기울이면 내 안에 잠든 나를 깨울 수 있다.

내면의 소리에 귀를 기울이지 않은 채 오랜 시간을 보내면 어떻게 될까? 영혼의 소리를 무시하고 살다 보면 우울감을 느끼고 무기력증이 생긴다. 혹은 나도 모르게 자기를 기만하며 살아가게 될 것이다. 누군가에게 잘 보이기 위한 모습이 아닌 본래의 나, 순수한 나로 살아갈 때만 알 수 있는 기쁨과 행복이 있다. 진정한 나를 만나기 위해서는 혼자 있는 시간이 필요하다. 3년간 매일 새벽 글을 쓰고 달리면서 나만의 시간을 가지기 위해 노력했다. 고독의 시간 동안 나는 더 단단해졌고 내 안의 소리에 귀를 기울일 수 있었다.

내 안의 순수한 나를 깨우기 위해서는 남과의 비교보다는 나에게 더 집중해야 한다. 내 약점을 확대해석하며 나를 괴롭히기보다는 내 강점에 주목해야 한다. 나의 강점은 성실함과 책임감, 그리고 배려심이다. 맡은 일을 잘 해내는 편이고 주위 사람을 잘 배려한다. 나의 재능과 강점을 알면 나답게 살고 나만의 목표를 찾는 것에도 도움이 된다.

새벽 기상, 끈기, 부지런함, 열정, 대화를 잘하는 것 모두 강점이 될 수 있다. 누구나 남들에게는 없는 강점을 두세 개 이상씩 다 가지고 있다. 스스로가 관심을 가지지 않기에 잘 모를 뿐이다. 남들이 어려워하는 일을 힘들이지 않고 하는 것도 하나의 재능이자 강점이다. 예를 들어 타인의 말을 잘 들어주는 것도 아무나 할 수 있는 일은 아니다.

남산의 한 숲속에서 새들의 합창을 들은 적이 있다. 각자의 지저귐이 한데 어우러진 소리가 아름답고 근사했다. 날 것의 오케스트라를 듣는 느낌이었다. 악보도 없이 각각의 소리를 내는데도 자연스러운 조화가 이루어지는 것이 신기했다. 우리가 사는 인생도 한 편의 멋진 오케스트라와 같다. 세상이라는 무대 위에서 모두 같은 악기를 연주할 필요는 없다. 독무대가 아니라고 해서, 주목받지 못한다고 해서 기죽을 이유도 없다. 애써 뽐내거나 튀려고 하지 않아도 괜찮다. 나만의 악보를 찾아서 나만이 낼 수 있는 소리를 내면 그만이다. 그런 삶을 살 때 나답게 살면서도 세상과 조화를 이룰 수 있을 것이다.

남과 다른 것은 불안한 것이 아니라 당연한 일인데 우리는 그것을 두려워한다. 많은 사람이 가는 길을 따라갈 때 안전하다고 생각한다. 타인이 원하는 것을 내가 원하는 것으로 오해하기도 한다. 자녀가 서울에 있는 대학에 들어가는 것, 좋은 직장에 취업하거나 유명해지는 것, 무조건 많은 돈을 버는 것이 정말 내가 원하는 것이고, 행복한 일일까? 대중이 좋다고 인정하는 길을 그저 따라가는 것은 아닌지 생각해 볼 일이다.

죽음 앞까지 가 본 사람은 '나로 살지 못했음'을 후회한다고 한다. 나로 살지 못하면 사는 동안에도 자유로울 수 없다. 스스로 생각하고 질문하며 내 삶의 기준을 찾지 않으면 부모님, 배우자, 사회가 원하는 대로 살게 된다. 나로 사는 것의 가치를 깨달은 사람은 내가 원하고 좋아하는 것, 나를 설레게 하는 것, 나에게 의미 있는 것에 대해 끊임없이 묻고 생각할 것이다. 철저한 고독의 시간을 가질 때 이런 성찰이 가능하다. 카프카의 《변신》에 나오는 벌레처럼 방 밖으로 나갈 수 없는 시간과 공간에 있을 때 나를 돌아볼 수 있다. 큰 충격을 받거나 엄청난 고통이 생겼을 때 자연스럽게 이런 시간을 가지게 되기도 한다.

겉보기에는 아무 문제가 없어 보이는 인생에도 다 나름의 고충이 있다. 고난과 역경이 없다고 삶이 다 행복한 것은 아니다. '견딜 만한 지옥'이라는 표현처럼 죽을 만큼 힘들지는 않지만 살아도 사는 게 아닌 것 같은 삶을 살게 되기도 한다. '이렇게 사는 게 맞나?'라는 생각이 들 때 나를 돌아보게 해 주는 도구가 바로 책이다. 벌레는 책을 읽을 수 없지만 사람은 책을 읽으며 스스로 질문하고 답을 찾을 수 있다.

책에는 나를 깨우는 주문이 들어 있다. 나에게 맞는 주문을 찾으면 스스로 질문하고 깊이 사색할 수 있다.

'나는 무엇을 할 때 행복한가?'

'내가 꿈꾸는 삶을 그릴 수 있는가?'

'내가 원하는 삶을 살고 있는가?'

'나는 내 인생의 주인인가?'

이런 질문을 나에게 해 본 적이 있는가? 책을 읽으면 이런 질문을 하게 되고 나에게 맞는 답을 찾고 싶어진다. 질문하고 생각하고 새로운 것을 선택하는 과정을 통해 내가 원하는 삶을 살 수 있다.

내가 선택하지 않으면 타인의 선택에 끌려가게 된다. 나는 결정 장애가 있고 우유부단한 편이었다. 중요한 일인데도 하기 싫은 건 계속 망설이고 미룬다. 실수를 하고 욕먹는 것이 참 싫었다. 그런데 지난 몇 년간 이런저런 시도들을 해 보니 실수하고 욕먹어도 세상이 무너지지 않았다.

'혹시나 잘못되면 어떻게 하지?'라는 생각은 선택을 주저하게 만든다. 그러나 내가 한 잘못된 선택이 영원히 나쁜 결과를 가져오는 것은 아니다. 퇴사한 것을 가끔 후회하지만 그 덕분에 자유롭게 달리고 책을 읽고 글을 쓰는 삶을 살게 되었다.

얼마 전 저녁 동네를 달리던 도중 문득 한강의 일몰이 보고 싶어졌다. 시계를 보니 깜깜한 하늘을 보게 될 것 같았다. 야간에는 오래 달려본 적이 없었기에 살짝 고민이 되었지만, 첫발을 내디뎠고 마음이 이끄는 방향으로 달려갔다. 그날 나는 목동에서 여의도까지 10km를 완주했다. 한강의 야경은 환상적이었고 새벽과는 다르게 많은 러너들과 함께 달릴 수 있었다. 작은 축제의 분위기를 느끼며 달리는 것이 신나고 즐거웠다. 어둡고 조용한 곳을 혼자 달리게 될 것이라는 예상과는 사뭇 다른 분위기였다. 처음으로 도전해 본 야간 러닝의 결과가 나쁘지 않았다.

'선택'은 첫발을 내딛는 일이다. 새로운 것을 선택하는 일은 늘 떨린다. 그 결과를 알 수 없기 때문이다. 그러나 선택하지 않으면 좋은 일도 나쁜 일도 아무 일도 생기지 않는다. 그 또한 나의 선택일 것이다.

예전에 비하면 요즘의 나는 조금 더 과감한 선택을 하고 있다. 새로운 선택을 하면 불안할 수도 있겠지만 생각지 못한 결과가 나오는 재미를 느낄 수 있다. 작고 사소한 일이라도 처음 해 보는 선택과 결정이 많아질수록 인생은 더 다이내믹해진다. 인생은 사소한 우연의 총합이기 때문이다. 그러나 그 사소한 우연들도 내가 선택하고 움직여야만 생긴다.

선택은 내 안에 씨앗을 뿌리는 일과도 같다. 씨앗을 심으면 언젠가는 꽃이 핀다. 꽃이 피지 않을까 두려워 씨앗조차 심지 않을 이유는 없다. 나에게 의미와 재미가 있는 일을 찾아서 시작하는 것은 내 안에 가능성의 씨앗을 심는 일이다. 나의 진짜 모습을 찾는 선택을 포기하지만 않으면 결국 내가 가야 할 길로 가게 된다. 타인의 목표가 아닌 나의 목표, 타인의 행복이 아닌 나만의 행복을 찾을 때 내 안에 잠든 거인을 만날 수 있을 것이다.

나는 단순하게 살기로 했다

약 7년 전 우리 가족은 독일로 이사를 했다. 큰 짐이 오는 시간이 약 한 달 정도 걸렸고 그동안 최소한의 물건으로 생활을 했다. 다섯 식구가 작은 플라스틱 상에서 다 같이 밥을 먹었다. 그런 생활이 불편하기보다는 재미있었다. 없으면 없는 대로 생활이 가능했다. 살림이 아닌 놀이를 하는 느낌도 들었다. 한 달 동안 느껴 본 미니멀리즘이 나쁘지 않았다. 일상에서의 정리 정돈만 잘 되어 있어도 단순한 삶에 도움이 된다. 처음부터 물건이 별로 없다면 정리에 들어가는 시간이 줄어들고 내가 하고 싶은 일을 할 여유가 생길 것이다.

자본주의 사회를 살다 보면 비교하는 문화에 익숙해진다. 타인의 자동차와 나의 자동차, 남의 외모와 나의 외모, 친구의 아파트와 나의 아파트를 비교하게 된다. 무리하게 빚을 얻어 새로운 차를 사고, 아파트 평수를 넓히는 일도 많다. 스마트폰만 있으면 수시로 보게 되는 SNS 덕분에 타인의 일상도 더 자주 보게 된다. 처음에는 재미로 보겠지만 계속 들여다보면 나도 모르게 우울해진다. 자연스레 남과 나를 비교하며 괜한 열등감을 느끼게 되기 때문이다.

비교는 내 모습을 초라하게 만든다. 남들처럼 더 많이 가지면 지금보다 더 행복해질 것 같다는 착각을 일으킨다. 즐거운 모습만 올린 타인의 SNS를 보면 나만 불행하게 사는 것 같은 생각이 든다. 비교에 빠지면 남의 모습을 보고 부러워하느라 나의 소중함은 잊게 된다. SNS 하는 시간만 줄여도 지금보다는 더 행복해질 것이다.

철학자 자크 라캉은 '인간은 타인의 욕망을 욕망한다'라는 말을 했다. 나를 잘 알지 못하는 사람은 타인의 욕망을 욕망하게 되고 이것은 소비와도 연결된다. 나의 필요보다는 체면을 위한 소비를 하게 될 때가 있다. 유행을 따르기 위해 신상과 한정판을 사야 하고 어느 정도의 명품 백은 들어 줘야 내 체면이 서는 것 같다. 내가 가진 차 혹은 자주 가는 해외여행으로 비교의 기준을 정하기도 한다.

어느 정도의 돈은 우리를 행복하게 해 주지만 돈과 행복이 비례하지는 않는다. 타인의 이목에서 벗어나 나에게 집중하면 삶이 더 단순해지고 소비의 이유도 달라진다. 나만의 철학과 기준이 생기면 남들처럼 어느 정도의 소비 수준은 유지해야 한다는 관념에서 벗어나게 된다. 보여 주기 위한 삶을 버리면 물질적 소유보다는 배움, 여행, 경험을 소비하는 것에 가치를 두게 된다.

단순하게 산다는 것은 쓸데없는 것에 에너지를 쓰지 않는 것이다. 선택과 집중의 능력이 있을 때 단순하게 살 수 있다. 인간관계만 잘 정리해도 에너지를 아낄 수 있다. 고독해지는 시간의 힘을 깨닫게 되면 자연스럽게 불필요한 관계는 정리하게 된다. 사람을 만나지 않고 외부 자극에서 일부러 멀어지기 시작할 때는 지루하고 심심한 느낌이 든다. 그러나 그 시간을 나를 충만 하게 해 줄 수 있는 것들로 채워 보면 생각이 달라진다.

글쓰기, 그림 그리기 등 생산적인 행위를 하면 고독의 시간을 예술로 승화시킬 수 있다. 고독의 시간을 많이 가질수록 나만의 여유도 즐길 수 있다. 저녁 시간에 노을을 바라보고 숲을 걸으며 새소리에 귀를 기울일 수 있다. 좋아하는 음악을 들으며 자전거를 탈 수도 있다. 이런 시간을 가지면 필요 없는 에너지를 비워 내고 더 맑고 좋은 기운으로 나를 채울 수 있다.

마음이 심란할 때는 청소와 정리를 하는 것도 기분 전환에 도움이 된다. 집에서 글을 쓸 때는 쉬는 시간에 집안일을 한다. 45분은 글을 쓰고 15분 동안은 청소기와 세탁기 돌리기, 화장실 청소 등을 한다. 이렇게 글을 쓰고 정리하면 오후가 되었을 때 나의 할 일과 집안일까지 끝마치게 된다. 모닝 루틴으로도 정리를 한다. 일과가 시작되기 전

식기세척기 그릇을 정리하고 운동을 가면서 분리수거를 하는 식이다. 눈을 뜨자마자 간단한 집 안 정리를 하면 잠이 깨는 효과도 있다.

나는 정리정돈을 잘 못하는 사람이다. 우선순위를 정하는 능력이 없었기에 정리하다가 시간만 흐르는 경우가 많았다. 몇 해 전부터 독서, 글쓰기, 운동을 하면서 청소, 정리와는 더 멀어졌었다. 자기 계발을 하는 것이 더 가치 있게 느껴졌기 때문이다. 그렇게 지내다가 일상을 뒤로한 채 성장에만 집중하는 것은 앞뒤가 안 맞는다는 것을 깨달았다.

다시 내 일상을 돌아보고 정리하기 시작했다. 성장 루틴을 지속한 후 정리력이 늘어났다. 선택과 집중, 우선순위를 정하는 힘이 정리에도 적용되었다. 아직도 정리할 곳은 많지만 루틴을 하는 것처럼 매일 조금씩 정리해 나가고 있다.

책을 읽다가 정리의 원칙을 배웠다. '모두 제자리'가 중요한데 물건이 많아지면 이 원칙을 지키기 어렵다. 불필요한 것을 먼저 버려야 한다. 필요 없는 물건을 버리고 잡동사니를 정리하면 마음까지 비워지고 정돈되는 기분이 든다. 사람은 오감 중 시각에 가장 큰 영향을 받는다. 정리로 나의 공간을 개운하고 깨끗하게 만들면 더 여유로운 일상을 살아가게 된다.

일상도 마음먹기에 따라 나를 수행하는 장으로 만들 수 있다. 살림은 내 삶을 소중히 여기고 가꾸는 일이다. 한 번에 끝나지 않는 일이기에 루틴을 해 나가는 것처럼 꾸준한 관심을 가져야 한다. 내 공간을 가꾸고 사랑하는 것은 다른 누구보다 나 스스로의 만족을 위한 것이다. 의식주를 포함한 내 모든 생활에 단순한 습관이 몸에 배게 되면 내 마음을 볼 수 있는 여유가 생긴다.

우리에게 필요한 것은 해야 할 일을 하는 것보다는 하지 말아야 할 것을 끊어내는 결단력이다. 불필요한 인간관계를 정리할 수 있을 때, 습관적으로 보는 스마트폰 시간을 줄일 때, 내게 꼭 물건만 소유할 때, 나만의 기준으로 소비할 수 있을 때, 남과 비교하지 않을 때, 내가 원하는 것에만 집중하는 단순한 삶을 살아갈 수 있을 것이다.

행복은 강도가 아니라 빈도

주말 오전은 주로 남편과 함께 시간을 보낸다. 우리는 가끔 청계천을 걷고 광장시장에 간다. 어느 날은 시장 한구석에 있는 카페를 바라보며 함께 붕어빵을 먹었다. 마침 카페에서 흘러나왔던 김현철의 '연애'라는 노래가 그날의 분위기와 무척 잘 어울렸다. 시티팝과 내리쬐는 햇살, 시원한 바람, 남편과 내가 있는 그 순간이 마치 영화의 한 장면처럼 행복하게 느껴졌다.

가끔 고급 식당에 가서 비싼 음식을 먹으며 행복을 느낄 때가 있다. '여기에 가면 좋을 거야'라는 기대감으로 어느 장소에 가기도 한다. 설렘은 좋지만 기대감은 종종 우리를 실망시킨다. 노천카페 앞에서 붕어빵을 먹었던 그 순간은 전혀 무엇을 기대했던 장소가 아니었다.

기대하지 않는 마음으로 살 때 감사와 행복의 순간을 더 많이 발견할 수 있다.

지난 1년은 내가 좋아하는 일을 하며 행복하게 성장했던 해이다. 독서, 글쓰기, 운동의 세 가지 루틴으로 내적인 기쁨과 행복을 자주 느꼈다. 행복의 비결 중 하나는 결과보다는 과정을 중시하는 것이다. 물론 일을 잘 해내고 좋은 결과가 나왔을 때의 성취감도 중요하다. 나도 해낼 수 있다는 자기 효능감도 행복의 한 요소이다. 그러나 잘하는 일이 아니더라도 내가 좋아하는 일을 하면 그 과정을 즐길 수 있다. 과정을 즐기며 반복하면 그에 맞는 결과가 뒤따라온다.

캄캄한 새벽에 일어나 글을 쓰다가 창밖을 봤는데 날이 밝아졌을 때가 있다. 정신이 맑을 때는 애쓰지 않아도 더 깊이 몰입할 수 있다. 일어나서 무언가를 했다는 사실만으로도 하루에 대한 투지가 생겨난다. 몰입의 시간들로 꾸준히 만든 행복은 쉽게 무너지지 않는다. 이렇게 밀도 있는 행복감은 긍정의 에너지로 차곡차곡 쌓여서 일상의 중심을 잡아준다.

최근 몇 명의 블로그 친구와 많이 친해졌다. 친한 이웃님이 이끄는 독서 모임에도 나가고 동갑내기 친구와 만나 산책을 하고 차도 마셨다. 주로 집에만 있던 사람이 자주 외출을 하니 큰 딸이 관심을 보인다.

나 : "○○야, (아이유의) '무릎'이라는 노래가 좋은가?"

딸 : "응, 엄마, 근데 그 노래는 또 어떻게 알았어?"

나 : "응, 누가 좋다고 추천해 주더라."

딸 : "엄마 또 블로그 친구 만났구나?"

딸은 나를 엄마보다는 친구로 생각하는 듯하다. 나도 고1 딸이 친구처럼 여겨진다. 늘 북적이는 집인데 그날은 딸과 나 둘만의 시간이었다. 둘만의 오붓한 분위기 덕분에 딸과 더 친해지는 느낌이 좋았다. 먹고 싶다는 음식을 해 주니 맛있게 싹싹 비워 내는 딸의 모습이 참 사랑스러웠다. 별것 아닌 대화와 시간이었지만 조용히 붙잡고 싶은 그런 순간이었다. 행복은 별 게 아니다. 보통의 하루, 보통의 행복, 아무 일 없이 지나가는 하루에서도 행복을 느낄 수 있다.

숲이나 동네를 자주 걷는 편이다. 오랫동안 걷다 보면 몸뿐 아니라 마음까지 가벼워진다. 생각과 마음을 비우기에는 오래 걷기만 한 것이 없다. 1시간에서 2시간 정도를 걸으면 웬만한 근심과 걱정, 불안은 발걸음 수, 내뱉는 숨과 함께 사라진다. 특히 핸드폰 없이 걷다 보면 전에 보이지 않던 풍경이 더 눈에 잘 들어온다.

숲은 조용히 멈춘 듯 보이지만 결코 그렇지 않다. 다양한 생명이 조화를 이루는 곳이기에 생기가 가득하다. 각양각색의 나무와 꽃들, 해가 뜨고 지는 시각과 날씨에 따라 변하는 풍경들, 날아다니는 까치와 나무 위를 오르내리는 청설모를 보며 걷는 재미가 있다.

숲을 걸으면 생명의 기운을 받게 되기에 오르락내리락 2시간씩 걸어도 힘들지가 않다. 맑은 날 나뭇잎 사이로 들어오는 햇살은 어찌나 신비롭고 찬란한지 모른다. 햇빛을 받은 나뭇잎의 반짝거림을 보면 내 마음도 일렁이고 빛나는 듯하다. 싱그럽고 은은한 풀 내음은 아무리 맡아도 질리지 않는다. 자연과 하나 되어 걸을 때 나는 무해하고 순수한 행복감에 젖어 든다.

맛있는 음식을 먹을 때의 처음 한 입, 누군가를 처음 만났을 때의 설렘, 첫 출근 등 처음이 주는 도파민의 행복은 짜릿하다. 이런 설렘과 새로움을 느끼기 위해서 여행을 떠나기도 한다. 두근거리는 설렘도 좋지만 요즘은 일상에서 자주 느낄 수 있는 소소한 행복에도 관심을 두게 된다. 음악을 들으며 다이어리를 쓰는 것, 천천히 달리며 땀을 흘리는 것, 커피 한 잔 마시며 책을 읽는 것 등은 단순하지만 지속할 수 있는 행복 리추얼이다.

일상에서 행복을 자주 느끼는 사람은 앞으로도 쭉 행복할 확률이 높다. 감정도 습관이기 때문이다. 나는 수시로 자주 행복을 느낀다. 늘 행복해질 준비가 되어 있다. 안 그래도 섬세하고 예민했던 내 감성 세포들은 글쓰기와 달리기를 시작하며 더 활짝 열린 듯하다.

기대하지 않았던 곳에서 종종 작은 행복을 발견한다. 길을 지나가다 마주친 아이의 해맑은 표정을 볼 때, 라디오에서 흘러나온 음악에서 감동을 느낄 때, 편하게 썼던 글인데 좋다는 칭찬을 들었을 때, 평소처럼 차려준 밥을 유난히 맛있게 먹는 딸을 볼 때, 우연히 읽게 된 책에서 마음을 울리는 글귀를 발견할 때 나는 행복하다.

얼마 전 안양천에 벚꽃 구경을 다녀왔다. 풍성하게 핀 벚꽃이 절정이었다. 토요일 저녁이라 사람들이 참 많았다. 어린 자녀를 데리고 나들이를 나온 가족들을 보면 나도 모르게 입가에 미소를 짓게 된다. 옛 추억이 떠오르기 때문이다. 당시에는 어린 세 딸을 데리고 다니는 게 참 힘들다고만 생각했는데 가끔은 그 시절이 그리워진다. 그런 가족을 보면 그냥 지나치지를 못하겠다. 작은 도움이라도 주고 싶은 오지랖이 발동한다. 셀카를 찍고 있는 가족에게 다가가 나는 이런 말을 건넨다.

"혹시 사진 찍어드릴까요?"

이런 제안을 거절하는 가족을 본 적은 없다. '혹시라도 마음에 안 들면 어떡하지?'라는 소심한 마음도 있지만 최대한 예쁘게 구도를 잡고 사진을 찍어 본다. 사진을 보고 좋아하는 가족을 볼 때의 뿌듯함은 또 다른 가족을 찾게 만든다.

행복한 사람은 좋아하는 것을 할 때의 몰입감을 느끼는 것처럼 스스로 만들어 내는 기쁨이 있는 사람이다. 일상처럼 걸으며 몸과 마음을 가볍게 하고 삶의 평온함을 유지할 수 있는 사람이다. 가족과 친구 등 사랑하는 사람에게 더 관심을 가지고 시간을 함께할 수 있는 사람이다. 꽃 한 송이, 풀 한 포기, 구름 한 점 없는 맑은 하늘을 보며 경탄할 수 있는 사람이다.

사람을 버티게 하는 힘은 가끔씩 일어나는 커다란 행복이 아니라 일상 속 작고 소소한 행복이다. 누군가가 내 행복을 만들어 주기를 바라기보다 나 스스로 행복을 만들어 낼 수 있다고 생각하는 것, 행복의 중심은 나에게 있음을 아는 것, 그게 내가 생각하는 행복의 기술이다. 행복은 강도가 아니라 빈도이다.

제2장

매일 새벽 글쓰기의 힘 : 진짜 나를 만나는 시간

새벽 4시 반, 엄마의 미라클 모닝

가을 새벽, 창문을 열면 풀벌레 울음소리가 들려온다. 가까워졌다 멀어지는 그 소리를 통해 내 몰입 상태를 가늠해 볼 수 있다. 정말 몰입할 때는 아무런 소리도 들리지 않기 때문이다. 새벽은 현존하기에 좋은 시간이다. 이 세상에 오직 나만 있는 것 같은 특별한 느낌이 든다. 고요함, 평온함, 사색으로 채워지는 새벽 시간이 좋다.

매일 감사 일기를 쓰는 루틴이 있다. 감사는 내가 가진 것에 만족하게 해 준다. 감사를 통해 내 안의 풍요를 느낄 수 있다. '무엇이 이루어지면 행복할 거야'라는 생각은 나를 조급하게 만들고 부족한 것에 집중하게 한다. 큰 성취를 이루고 많은 것을 가졌다고 행복한 것은 아니다.

미래의 조건에 따른 행복이 아닌, 지금 여기의 행복을 느끼는 방법이 있다. 내가 가지고 있는 작고 사소한 것들에 관심을 가지고 말을 건네 보자.

"내가 좋아하는 스타벅스 유리잔아~ 니가 있어서 커피나 다른 차도 더 맛있게 즐길 수 있어, 고마워."

"나의 분홍색 키보드야~ 니가 있어서 매일 블로그에 글을 잘 올릴 수 있어. 색도 예쁜 널 보면 더 기분이 좋아져. 고마워."

유치함과 어색함, 오글거림은 아주 잠깐이지만 내가 가진 것에 대한 애정과 감사의 여운은 조금 더 오래간다. 아무 생각 없이 보았던 컵과 키보드가 더 예쁘게 보인다. 작은 것에 기뻐하고 감동하는 연습으로 일상의 행복 지수를 높일 수 있다. 미라클 모닝은 나 스스로 행복을 만들어 가는 시간이다.

새벽에 일어나 독서, 글쓰기, 운동을 하는 루틴이 있다. 가끔 기상이 늦어지는 날은 일어나는 시간에 맞춰 루틴을 한다. 강박보다는 유연함을 추구하는 미라클 모닝이 좋다. 세 가지 루틴 중 가장 오래된 것은 새벽 달리기이다. 새벽 5시쯤 집을 나서면 은은한 달빛과 눈맞춤을 할 수 있다. 여름에는 이미 날이 밝아져 있는 시각이다. 30분 정도 달리고 집으로 돌아와 샤워를 해도 7시를 넘기지 않는다. 일찍 일어난 사람만이 가질 수 있는 여유와 시간 부자가 된 기분이 참 만족스러운 순간이다. 루틴을 끝낸 후 느끼는 뿌듯함은 새벽 기상을 꾸준히 이어 나가는 원동력이 된다.

미라클 모닝을 원하지만 부담스럽다면 하고 싶은 일을 딱 한 개만 정해서 시작해 보자. 책 10쪽 읽기, 세 줄 일기 쓰기, 스트레칭도 좋다. 꼭 남들이 하는 것을 넣을 필요는 없다. 하늘 사진을 찍어서 매일 SNS에 올리거나 좋아하는 음악을 하루에 한 곡씩 플레이리스트에 저장하는 것은 어떨까? 무엇을 하든 내 아침과 하루에 대한 기대감을 가지고 일어나는 것이 중요하다. 일어나서 하고 싶은 즐거운 일이 있다면 기상이 더 수월해진다. 하지만 일어나야만 그 일을 할 수 있다. 일어나자! 그냥 일어나는 거다.

루틴을 이어 나가는 가장 좋은 방법은 행동하는 그 자체를 즐기는 것이다. 대단한 성취를 이루지 않아도 괜찮다. 좋은 루틴을 만들어 가는 노력과 시간은 그 자체로 이미 충분히 소중하다. 미라클 모닝은 오늘도 나의 하루를 의미 있고 나답게 살아보겠다는 작은 의식과도 같다. 실제로 무엇을 하느냐보다 더 중요한 것은 그것을 대하는 나의 마음과 태도이다.

저녁 약속은 거의 하지 않는 편이다. 그 대신 밤 9시부터 하루의 마무리를 하고 10시에 잠이 든다. 다른 즐거움을 누리는 것보다 모닝 루틴을 하며 나를 성장시키는 것이 더 좋기 때문이다. 책을 읽고 글을 쓰고 달리는 시간을 만들기 위해 다른 활동은 많이 줄였다. 가끔 나갔던 엄마들과의 브런치 모임도 책을 쓰면서부터는 나가지 않았다. 책을 쓰는 몇 개월 동안 집, 도서관, 스터디 카페, 마트가 내가 가는 곳의 전부가 되었다.

새벽 글쓰기에 재미를 붙인 것은 약 3년 전 블로그를 시작할 때부터이다. 그 전에도 미라클 모닝을 했었지만, 블로그를 하면서부터 더 열정적으로 모닝 루틴을 이어가게 되었다.

블로그 창에 새벽 4시 30분부터 올라오는 글들을 보면 새벽 글 시장을 보는 듯하다. 갓 구워진 빵처럼 따끈한 글들이 실시간으로 올라온다. 이웃 중 누군가는 일어나고 있을 테고, 누군가는 나처럼 커피를 마시며 글을 쓰고 있을 것이다. 누군가는 새벽 운동을 할 것이다. 생전 모르던 사람들과 온라인을 통해 새벽을 함께 맞이하는 느낌이 새삼스럽고 신기하다. 블로그 덕분에 외롭지 않은 미라클 모닝을 하고 있다.

미라클 모닝을 시작한다고 해서 하루 아침에 사람이 바뀌는 것은 아니다. 그러나 변화를 위해서는 어떤 것이든 일단 시작해야 한다. 아주 작은 행동이라도 시작하고 지속하면 나를 더 좋아하고 존중할 수 있다. 책 한 쪽 읽기, 글 한 줄 쓰기, 스쿼트 1개로 시작해도 좋다. 시간의 힘과 스스로에 대한 믿음으로 꾸준히 루틴을 실천한다면 미래의 내 모습은 분명히 지금보다는 더 성장해 있을 것이다.

3년 후의 나에게 선물을 준다는 마음으로 현재의 시간을 쌓아나가고 있다. 3년이라는 시간은 생각보다 빠르게 흘러간다. 하지만 차곡

차곡 쌓아나가면 유의미한 변화를 만들어 낼 수 있는 시간이다. 내 미래를 바꾸고 싶다면 원하는 것을 루틴으로 만들어 반복하면 된다. 새벽은 더 자고 싶은 욕구를 이겨내고 스스로 만들어 낸 시간이다. 무엇을 해도 몰입의 잘 되는 마법의 시간이다. 그런 시간에 읽고 쓰고 달리는 일은 내가 나에게 성장할 기회를 주는 것이다. 밀도 있고 단단하게 채워지는 그 시간이 참 좋다. 기분 좋은 에너지로 책을 읽고 글을 쓰며 몰입하는 시간은 얼마나 행복한지 모른다. 새벽이 주는 감사와 여유, 기쁨의 맛을 알게 된 나는 행운아이다. 새벽마다 글을 쓰고 누군가와 나눌 수 있는 삶을 살게 된 것, 그것이 나에게는 기적이고 축복이다.

오늘의 실수를 내일을 위한 데이터로 바꾸는 법

글쓰기를 잘하는 두 가지 방법이 있다. 첫 번째는 무조건 많이 써
보는 것이고 두 번째는 잘 쓰려는 마음을 내려놓는 것이다. 약 1년 전
쯤 글쓰기의 양을 늘려보기로 했다. 하루에 한 편에서 하루에 두 편을
쓰기로 블로그에 공약을 했다. 갑자기 글을 더 쓰려니 생각보다 많은
의지력이 필요했다. 질보다는 양을 선택했다. 완벽함보다는 글 발행
에 초점을 두었다. 못 쓴 글을 읽고 당황해하는 것은 이웃님의 몫으로
남겨두기로 했다.

지금은 한 권의 책을 쓰고 있지만 약 2년 전까지만 해도 매일 한 편
의 글을 쓰는 일도 쉽지 않았다. 그럼에도 불구하고 잘 쓰고 싶었고
계속 쓰는 사람으로 살고 싶었다. '1일 1포'라는 시스템에 나를 가두

고 죽이 되든 밥이 되든 일정한 시간에 글을 써서 올렸다. 이런 과정이 마치 도를 닦는 것 같았다. '한 권의 책을 낸 사람은 수도승이 아닐까?'라는 생각도 들었다. 글이 잘 써지지 않아서 괴로운 날도 많았지만, 이상하게도 글쓰기를 그만둘 수는 없었다. 그런 내 모습을 보며 때로는 웃음이 나왔고 때로는 눈물을 흘렸다.

솔직하고 진솔한 글, 그런 글은 어떻게 쓰는 것일까? 있는 그대로 자신의 이야기를 써 보라는 글쓰기 책 속의 조언이 막막하고 어렵게 느껴졌다. 그만큼 나에게 자신이 없었고 누군가에게 내 모습을 보일 용기가 없었다. 그나마 남아있었던 작고 희미했던 자신감과 용기로 글쓰기를 시작했고 마음에 안 드는 글이라도 계속 써 나갔다.

처음에는 초심자의 마음으로 신나게 썼고 나중에 블로그 이웃들이 생겼을 때는 서로 소통하며 즐겁게 썼다. 가끔 과거에 쓴 글을 보면 '왜 이렇게 썼을까?'라는 생각이 들 정도로 숨고 싶어지는 글도 많다. 그런 글에도 사람들의 칭찬 혹은 공감의 댓글이 달려 있었다. 아마도 난 그 댓글을 보고 힘을 냈을 것이다. 그런 응원의 힘으로 계속 글을 쓸 수 있었다.

글쓰기는 내 모습을 적나라하게 알게 해 주고 내 삶과 일상을 보여 주는 마법의 도구이다. 다만 그 마법은 꾸준히 써 나가는 사람에게만 효력이 나타난다. 글쓰기의 마법에 걸려들기 위해서는 정면으로 나를 바라보겠다는 용기기 필요하다. 끝까지 써 보겠다는 끈기를 가지고 계속 쓰는 사람에게 글쓰기는 은혜를 갚는다. 혼자 있을 때 어떻게 시간을 보내는지, 가까운 사람을 어떻게 대하는지, 문제가 생겼을 때 나는 어떻게 해결하는지를 바라보고 글로 써 보라. 꾸준히 쓰다 보면 내가 점점 더 선명하게 보일 것이다.

개인 기록인 일기를 꾸준히 쓰기만 해도 내 하루와 일상을 더 사랑할 수 있고 나에 대해 더 잘 알게 된다. 사진을 찍을 때 구도를 잡고 아름다운 장면을 찍는 것처럼 일기 쓰기로 내 일상의 소중한 순간을 담을 수 있다. 평소 풍경 사진 찍는 것을 좋아한다. 내 사진첩에는 나무가 우거진 숲속이나 해가 떠오르는 하늘, 노을이 지는 풍경 등이 많이 담겨 있다. 자연을 보며 느끼는 감동과 감탄의 횟수만큼 사진을 많이 찍게 된다.

일기를 쓰는 것도 이와 비슷하다. 풍경을 봐야 사진을 찍고 싶은 마음이 생기듯, 일상을 주의 깊게 바라봤을 때 글을 쓰고 싶은 마음이 생긴다. 내 일상을 글로 쓰기 위해서는 일부러 관찰하려는 노력이 필요하다. 관찰과 기록을 반복하면 내 하루가 전과는 다르게 보인다. '내 삶도 나쁘지 않구나, 내가 꽤 괜찮은 일상을 살아가고 있구나'라는 생각이 든다.

주부로 사는 나는 살림과 육아를 하며 쳇바퀴 도는 삶이 지루하고 재미없었다. 전쟁 같은 아침을 시작으로 늘 비슷한 일들을 마치면 어느덧 하루가 끝나있었다. 이런 상황에서 일기를 써 보라고 하면 '도대체 뭘 써야 하지?' 막막한 느낌이 들 지도 모른다.

짧은 일기라도 쓰기 위해서는 내 생각과 느낌에 집중하고 바라보는 훈련이 필요하다. 같은 상황을 볼 때도 어제와 오늘의 내 느낌은 다르다. 아이들을 대할 때도 마찬가지이다. 아이를 대하는 내 감정이 늘 평온하지만은 않을 것이다. 이럴 때는 감정을 털어놓는 글을 써 보면 좋다. 빈 모니터나 흰 종이에 마음을 토해내듯 쓰다 보면 고민과 생각이 정리되고, 머릿속이 가벼워진다.

생각하고 글을 쓰는 습관을 위해서는 작은 변화라도 예민하게 느낄 줄 알아야 한다. 어쩌면 그런 사람들이 글을 쓰는 것인지도 모르겠다. '예민함'이 꼭 나쁜 것만은 아니다. 예민한 감각이 있는 사람은 비슷해 보이는 것에서도 '차이'를 발견해 내기 때문이다. 그리고 그 감각은 삶의 권태로부터 나를 지켜준다.

글감을 떠올리고 글을 쓰는 과정에서 내가 중요하게 생각하는 부분을 선별할 수 있다. 일상 글쓰기를 통해 물처럼 흘러가는 생각과 감정을 붙잡을 수 있다. 생각이 수시로 떠오르고 사라지듯 나에 관한 이야기도 기록하지 않으면 사라진다. 기록으로 남긴 하루의 생각은 내 의식과 삶의 지향점이 된다. 매일 썼던 글이 쌓이면 점 같았던 하루가 선으로 이어지면서 미래의 방향성이 만들어진다. 글쓰기를 지속하면서 내가 원하는 것, 잘하는 것에 대해서 더 정확히 알게 되었다. 내 경험과 일상을 통해 만들어진 글은 내적 자산으로 쌓이기에 스스로에 대한 자부심도 높아진다.

　자기 주도적인 삶을 살기 위해 중요한 것은 나에 대한 메타 인지이다. 내 삶을 돌아보며 꾸준히 쓰기만 해도 나를 바라보고 알아가는 능력이 생긴다. 〈전지적 참견 시점〉이라는 프로그램의 제목처럼 나와 내 하루를 제3자의 눈으로 바라볼 수 있게 된다. 글쓰기를 통해 외부나 타인에게 의존하기보다는 스스로를 지키는 힘을 기를 수 있다. 글쓰기는 내부에 샘을 파고 그 안에서 답을 찾는 과정이다. 꾸준한 성찰을 통해 나에게 맞는 답을 찾을 수 있을 것이다.

　똑같은 일을 하면서도 늘 제자리이거나 더 못하는 사람이 있는가 하면 점점 더 발전하는 사람이 있다. 둘 사이의 차이는 무엇일까? 바로 '성찰'의 유무일 것이다. 오늘의 실패나 실수를 기분 나쁜 일로 여기면서 지나쳐 버린다면 그 경험은 나에게 도움이 되지 않을 것이다. 그러나 하루를 복기하면서 왜 그랬을까? 다음부터 그런 실수를 하지 않으려면 어떻게 하면 좋을까? 라는 생각으로 되돌아본다면 실수의 경험을 통해 하나라도 더 배울 수 있을 것이다. 이런 경험을 가장 효과적으로 할 수 있는 것이 일상의 글쓰기이다.

　꾸준히 일기를 쓰며 나를 관찰해 보라. 전지적 작가 시점이 되어 내 일상을 바라보고 내 하루를 기록한다면 오늘의 실수와 어설픔을 내일을 위한 데이터로 바꿀 수 있을 것이다.

내가 찾은 돌파구, 블로그를 시작하다

2023년 1월 16일 처음으로 블로그에 글을 올려 보았다. 제목은 '겨울 달리기'였다. '좋아요'는 3개였고 댓글은 없었다. 2개월 후인 2023년 3월쯤부터 댓글이 달리기 시작했고 현재는 꾸준히 소통하는 이웃들이 생겼다. 블로그 덕분에 좋아했던 책을 더 부지런히 읽게 되었고 글쓰기에도 재미를 붙였다.

어느 날 우연히 서점에서 읽었던 책이 블로그 시작의 계기가 되었다. 꾸준히 책을 읽고 글을 쓰면서 내 인생을 변화시키고 싶었다. 더 나은 삶에 대한 막연한 기대감으로 블로그를 시작한 것이다. 블로그에 내가 읽은 책 이야기를 써 보고 싶었다. 한 번도 책을 읽은 후 리뷰를 쓰거나 공개적인 글을 써 본 적은 없었지만, 근거 없는 자신감이 있었다.

이런저런 도서 블로그를 돌아보다가 깜짝 놀랐다. 하루 한 권의 책을 읽은 후 서평을 올리는 분의 블로그를 보았기 때문이다. 그 당시 나는 일주일에 한 권 정도의 책을 읽는 중이었다. 하루 한 권의 책과 리뷰, 그 신선한 충격이 나를 도서 블로그의 세계로 이끌었다.

2023년 1월부터 블로그에 내가 읽은 책 이야기를 올리기 시작했다. 1일 1권 리뷰에 도전해 보기로 했다. 무게감 있는 책들이 아닌 당시 내 수준에 맞는 책 위주로 읽었지만 태어나서 하루에 한 권의 책을 읽는 경험은 처음이었다. 나름의 목표 의식을 가지고 꾸준히 읽고 썼다. 1일 1권 리뷰를 약 6개월간 지속했다.

현재 내 블로그에는 약 350편의 도서 관련 글이 쌓여 있다. 꾸준히 쓰다 보니 서평을 써 달라는 제안도 받았다. 나에게도 이런 메일이 오다니 마냥 신기했다. 더 큰 신세계는 책을 좋아하는 사람들과 소통하고 친해질 수 있었다는 점이다. 몰랐던 사람들과 책 이야기를 나누며 친해지는 경험은 의미와 재미, 그 자체였다.

내 블로그의 또 다른 콘텐츠는 달리기 기록이다. 러닝 이야기에는 두 달 정도 아무런 반응도 없었지만, 기록에 의의를 두며 꾸준히 포스팅을 이어 나갔다. 그러던 어느 날 한두 개의 댓글이 달리기 시작했다. 달리기 글을 쓰며 지속적으로 소통하는 이웃이 늘어났다. 달리기가 그렇게 칭찬과 응원을 받을 만큼 대단한 운동인지 몰랐다. 모르는 분들로부터 내 달리기를 응원받는 것이 신기하고 신이 났다. 댓글로 힘을 주는 분들께 정말 감사했다. 혼자 달릴 때도 댓글 속 응원 메시지가 떠올랐다. 블로그 소통 덕분에 더 즐겁게 달리고 글을 쓰는 선순환이 이루어졌다.

블로그 글쓰기는 혼자 글을 쓰는 것과는 많이 다르다. 이웃과의 소통은 블로그를 꾸준히 할 수 있는 원동력과 글쓰기의 재미를 붙이는 힘이 된다. 약 2년간 블로그에 글을 쓰는 게 그 무엇보다 좋았다. 시간이 될 때는 다음 날의 글까지 미리 저장해 두었다. 저장 공간에 발행할 글을 쌓아놓을 때는 큰 부자가 된 것 같았다. 돈을 모으는 것보다 글을 써서 저장해 두는 것이 더 가치 있게 느껴졌다.

어느 날 카페에서 글을 쓰다가 주위 사람을 구경하게 되었다. 인터넷 강의를 들으며 공부하는 사람, 입으로 소리 내어 영어 공부를 하는 사람, 다이어리를 쓰는 사람, 책을 읽는 사람, 그림을 그리는 사람, 핸드폰으로 맞고를 치는 사람이 보였다. 다양한 사람들 중 글을 쓰는 사람은 보이지 않았다.

블로그를 보면 모든 사람이 다 글을 쓰는 것 같지만 지인들만 봐도 SNS에 꾸준히 글을 올리는 사람은 드물다. 매일 어딘가에 글을 올린다는 것 자체가 남들과는 차별화된 일이다. 꾸준히 글을 써서 발행 버튼을 누르는 사람은 스스로에게 충분한 자부심을 가져도 좋을 것이다.

블로그는 글에는 특별한 제한이 없다. 어떤 이야기를 올려도 괜찮다. 가장 쉬운 소재는 나에 관한 이야기일 것이다. 평범한 일이라도 내가 직접 해 보았을 때의 느낌을 기록하면 그것은 나만의 특별한 이야기가 된다. 누구나 남들과는 다른 자신만의 고유성이 있기 때문이다. 각자의 경험은 그 자체로 독창적이기에 글로 쓸 만한 충분한 가치가 있다. 다만 자신이 그것을 발견하지 못할 뿐이다. 서툴러도 괜찮다. 못 써도 괜찮다. 날마다 한 편의 글을 쓰려고 애쓰는 것, 그것만으로도 누구나 성장할 수 있다. 기승전결이 안 맞고, 표현이 서툴더라도 글을 쓴 사람의 노력과 진심이 느껴질 때 사람들은 감동을 받는다.

블로그에 올린 글에 악플이 달리는 경우는 거의 없다. 칭찬과 공감과 위로의 댓글이 많은 편이다. 글 실력과 무관하게 서로 응원해 주는 분위기로 글을 써 나갈 수 있는 공간이 바로 블로그이다. 이 공간을 나만의 글쓰기 놀이터 혹은 아지트라고 생각하고 마음껏 글을 쓴다면 글쓰기에 대한 두려움도 잘 극복할 수 있을 것이다. 가끔 생각이 안 날 때 는 억지로 글을 쓸 때도 있지만 자리에 앉으면 어떻게든 한 편의 글을 쓸 수 있다. 블로그 글쓰기 덕분에 꾸준함의 힘을 배웠다.

친한 이웃님들과의 지속적인 소통 덕분에 나의 꾸준함은 외롭지 않았다. 내가 무얼 하든 내 일상을 응원해 주고 나를 믿어 주는 이웃님들은 나의 든든한 수호천사이다. 뭔가에 이끌리듯 비슷한 사람끼리 이웃이 되는 것이 신기하다. 이웃과의 소통은 글을 계속 쓸 수 있는 버팀목이 되어준다. 블로그 글쓰기를 하는 사람들은 매일 글을 써서 올리고 서로에게 따뜻한 격려와 지지를 보낸다. 그런 날들이 쌓이며 내 마음은 더 따뜻해졌고 자존감도 채워졌다. 블로그 세상은 이웃이 땅을 사도 배가 아프지 않다. 누군가의 성장과 잘 되는 모습을 보면 진심으로 축하하게 된다.

아침이면 이웃의 글이 궁금해진다. 댓글로 소통을 하며 서로를 응원할 수 있는 일상이 감사하다. 블로그 세계에 발을 들여놓은 이상 스스로 그 발을 빼기는 어렵다. 조직은 아니지만 보이지 않는 힘이 나를 잡아끈다. 느슨하면서도 끈끈한 연대감이 있는 곳, 내가 자발적으로 선택했고 잘했다고 느껴지는 곳이 바로 블로그이다. 3년 전 우연히 시작한 블로그 덕분에 내 삶은 많이 달라졌다. 반찬과 밥 걱정보다 어떤 글을 써야 할지 더 많이 고민하는 일상을 살고 있다. 너무 고민이 될 때는 그냥 글 한 편을 올리는 것에 의의를 두기도 한다.

달리면서 보게 된 꽃 이야기, 우연히 알게 된 캣맘과의 대화, 늘 무언가를 잘 빠뜨리는 나의 건망증 이야기 등 블로그에는 편하게 내 이야기를 털어놓게 된다. 가까운 사람에게는 오히려 말하기 더 쑥스러운 내 고민이나 꿈에 관한 이야기도 블로그에는 자연스럽게 할 수 있다. 가끔 내 글에 동기 부여를 받고 운동을 시작했다는 댓글을 받는다. 그럴 때면 '나도 작지만 선한 영향력을 줄 수 있는 사람이구나!'라는 생각에 괜히 으쓱해진다.

'꾸준함에서 나오는 강철 체력의 소유자', '조용하게 마음을 묻어두고 사유하기를 좋아하는 사람', '도전할 수 있는 용기와 진심이 담겨 있는 글을 쓰는 사람.'

이웃님들이 말해준 나의 강점이다. 나는 달릴 때 힘이 나고 행복한 사람이라는 것, 내가 글쓰기에 진심인 것을 소통을 통해 더 확실히 알게 되었다.

블로그를 시작한 지 3년이 되었지만 나는 가끔 '좋아요' 수를 신경 쓰고 댓글이 올라오지 않으면 의기소침해진다. 그래도 나는 블로그가 좋다. '혼자 가면 빨리 가지만 함께 가면 멀리 갈 수 있다.'는 말처럼 소중하고 든든한 나의 이웃님들과 함께 오래도록 인연을 이어 나가고 싶다.

첫 문장은 너무 어려워

사람과의 대화에서 아이스브레이킹 혹은 스몰토크가 필요한 것처럼 글을 쓸 때도 워밍업이 필요하다. 글쓰기에서 스몰토크는 아무 글이나 써 보는 것이다. 쓰다 보면 어떻게든 글이 써진다.

전혀 생각하지도 못했던 일이 떠올라 글을 쓰게 되는 날도 있다. 운이 좋을 때는 아무 글 대잔치를 하다가 좋은 아이디어가 떠오르기도 한다. 그런 날은 하고 싶은 말을 빈 화면에 쏟아내며 카타르시스를 느낀다. 짧은 글, 자유 글, 어떤 글이라도 자주 써 보는 것은 나에게 유익이다. 자유 글쓰기를 한 후 한 가지의 주제를 잡아 글을 완성해 볼 수도 있다. 한 가지의 주제로 생각을 정리하며 글을 쓰는 훈련은 책을 쓸 때도 도움이 된다.

글쓰기는 달리기와 꽤 비슷한 부분이 있다. 달리기를 할 때 가장 먼 거리는 방에서 현관까지이다. 운동화 끈을 묶는 것이 어렵지 막상 달리기 위해 집을 나서면 어디라도 달리게 된다. 글쓰기도 이와 비슷하다. 글을 쓰기로 마음을 먹는 것과 첫 문장을 시작하기가 어려울 때가 있다. 그러나 자리에 앉아서 노트북을 켜고 첫 문장을 시작하면 어떤 글이든 쓰게 된다.

달릴 때 워밍업이 끝나면 쭉 달려 나가게 되는 구간이 있다. 그것처럼 글쓰기도 처음의 긴장이 풀리며 타이핑 속도가 빨라지는 때가 온다. 달리기의 러너스 하이는 글을 쓰는 사람이 신들린 듯 글을 쓰는 것과 비슷하다. 가끔 뇌보다 손이 빨라지는 순간을 만난다.

친구나 지인을 만났을 때 나도 모르게 글쓰기를 권하게 된다. 한 친구는 내 말을 듣고 일기를 쓰기 시작했다. 또 다른 지인은 도대체 뭘 써야 할지 엄두를 못 내는 것 같았다. 사람들은 특별한 무언가가 있어야만 글을 쓴다고 생각한다. 예전에는 나도 그랬다. 지인이 블로그에 꾸준히 글을 쓴다는 이야기를 듣고 동경의 눈빛으로 바라보았는데 그게 내 미래의 모습이 될 줄은 몰랐다. 지금은 나도 아침마다 한 편의 글을 쓰고 발행 버튼을 누르고 있다.

매일 새벽 일어나 밥을 짓는 것처럼 글을 쓰고 있다. 눈을 뜨면 블로그로 출근해서 글 한 편을 올린다. 영감이 떠오르지 않는다고 출근을 하지 않거나 밥을 하지 않는 사람은 없을 것이다. 내가 맡은 일을 꾸역꾸역 이라도 해야 일상이 굴러간다.

　글을 쓰는 것도 비슷하다. 영감과 아이디어가 떠올라 기분 좋게 글이 써지는 날보다는 아닌 날이 훨씬 더 많을지도 모른다. 내 글의 부족함을 견디며 쓰고 또 쓰는 양적인 채움의 과정을 거쳤을 때 글쓰기의 두려움에서도 벗어날 수 있다. 당장 누군가 나의 글을 인정해 주지 않아도 괜찮다. 진심과 진정성이 담긴 글은 언젠가는 통한다. 누군가의 인정보다 더 중요한 것은 글을 쓰며 나를 돌아보고 삶의 의미를 찾는 것이다.

　매일 글을 업로드하다 보니 나의 글이 누군가의 마음을 움직이는 설레는 경험도 한다. 가끔 누군가가 내 글을 읽고 힘을 냈다는 이야기를 듣는다. 그런 피드백이 무척 행복하고 힘이 난다. 글을 쓰지 않았다면 몰랐을 감동이다. 생산적인 행위로 스스로도 성장할 수 있고 타인을 도우며 행복해질 수 있는 일, 그게 바로 글쓰기이다. 어떤 가치를 전하고 나누는 것이 조금은 부끄럽지만 결국 계속 그런 사람으로 살아가는 것이 내가 바라는 바이다.

　송나라의 문인 구양수는 최고의 글쓰기 훈련법으로 다독, 다작, 다상량을 이야기했다. 잘 쓰기 위해서는 많이 읽고, 많이 쓰고, 많이 생각해야 한다. 내 책을 쓰다가 생각이 막히면 자연스럽게 또 다른 책을 펴게 된다. 책을 쓰기 위한 독서는 평소의 독서와는 많이 다르다. 글감을 얻고 생각하기 위해 어느 한 부분을 반복적으로 읽는 집중 독서를 해야 한다. 이렇게 몰입해서 책을 읽을 때 한 가지에 대해 더 깊이 생각할 수 있게 되는 점이 좋다. 생각 정리가 잘되지 않아 괴로울 때도 있지만 결국에는 한 문단 혹은 한 편의 글로 완성하고 나면 개운한 느낌이 든다.

책을 쓰다 보면 생각이 명료해진다. 퇴고에 퇴고를 거듭하면서 내 생각과 글이 얼마나 산만했었는지가 보인다. 스스로 마음에 드는 글을 쓰는 과정이 많이 고통스럽기도 하다. 퇴고는 나와의 싸움에서 좌절하고 이기는 과정의 연속이다. 불안하고 두려운 순간을 자주 이겨 내야 한다. 퇴고는 내가 쓴 초고를 보고 실망하고 놀라는 일의 연속이다. 그러나 이런 퇴고를 거듭할수록 나 자신도 더 명료하고 분명한 사람이 되어간다. 내 생각과 삶에서도 군더더기가 빠져나가는 느낌이다.

책을 쓰는 과정에서는 일상에서도 다른 생각이 거의 들지 않는다. 집필을 하지 않을 때도 쓰다가 막혔던 부분과 이미 쓴 글에서 어색했던 표현이 계속 떠오른다. 책 쓰기가 끝날 때까지는 어느 정도 불안하고 긴장된 느낌 속에서 살게 될 것 같다. 집필 중에는 마음을 잘 다스리고 늘 좋은 영감을 떠올리기 위한 노력이 필요하다. 최대한의 집중을 위해 핸드폰은 거의 보지 않는다. 멍하게 있거나 아무것도 하지 않는 심심한 상태가 되었을 때 뇌에 여유가 생기고 창의적인 생각이 떠오르기 때문이다.

책을 쓰기 전에는 작가에 대한 환상이 있었다. 자신의 책을 쓴다는 것, 어디서든 집필을 한다는 것, 늘 관찰하고 생각하는 모습, 좋은 글을 쓰기 위해 일부러 클래식 음악을 찾아서 듣고 여행을 떠나기도 하는 모습이 그저 멋지게만 보였다. 소설이나 영화 속에 나오는 작가의 삶을 동경했었던 나는 책을 쓰며 깨닫는다. 상상과 현실은 다르다는 것을, 지금 처음으로 책을 쓰는 나에게는 그런 여유로움은 찾아볼 수가 없다. 오히려 쓰기에만 집중하기 위해 외부의 많은 것을 통제하게 된다.

한 권의 책이 나오기 위해서는 상상 이상의 노력이 필요하다. 관찰하고 사색하고 고민하고 자료를 수집해서 끈기 있게 쓰는 일은 우아하고 지적이라기보다는 노동에 가깝다. 자신의 삶과 독자를 사랑하는 마음이 없다면 한 권의 책은 나올 수 없다.

책 쓰기는 체력적, 정신적으로 모든 것을 쏟아야 하는 일이다. 막막하고 두렵고 포기하고 싶은 마음이 들 때도 있었지만 그럼에도 불구하고 나는 책을 쓰는 일이 좋다. 나의 모든 것을 쏟아 인고의 시간을 거치는 과정 속에서 스스로 성장하고 있다는 확신이 들기 때문이다. 혼자만의 시간을 생산적으로 보낼 수 있다는 점도 마음에 든다.

글쓰기는 나 자신의 부족함과 마주하는 일이다. 내 안에서 무언가를 꺼내야 하는 일, 그래서 다 쓰고 나면 후련해지지만 그 시작은 늘 어렵다. 그렇다고 포기하고 싶지는 않다. 첫 문장을 시작할 때의 어색함과 어려움, 퇴고할 때의 부끄러움 그 사이의 과정을 즐기는 사람으로 살아가 보고 싶다.

삼시 세끼보다 더 많이 했던 고민들

집안일을 하거나 운전을 할 때 가끔 라디오를 듣는다. 자주 듣는 프로그램 중 꼰대 상사 혹은 이기적인 친구 때문에 화가 난 사연들만 모아서 읽어 주는 코너가 있다. DJ가 같이 화를 내주는 연기에 대리만족을 느낀다. 누군가의 실수 이야기가 사연으로 나올 때는 내적 친밀감이 든다.

나도 소소하지만, 확실한 실수를 자주 하기 때문이다. 차 키 없이 차를 타러 가고 아파트 주차장에서 내 차를 찾아 자주 헤맨다. 약 20년 전에는 차 키를 차 안에 둔 채 문을 잠그고 내리는 일이 일상이었다. 얼마 전에는 글을 쓰러 카페에 가는데 다른 것들을 챙기다가 노트북을 두고 갔다. 이런 나의 모습에 가끔 자괴감도 느끼지만, 요즘은 실수를 하면 글쓰기를 하고 싶은 마음부터 든다.

글을 쓰려는 마음으로 세상을 바라보면 어느 것 하나 소중하지 않은 것이 없다. 일상의 모든 것이 다 글의 소재처럼 보인다. 친한 이웃 중 한 분은 소파 위에 빨래를 쌓이지 않게 하는 방법으로 100일간 글을 올렸다. 지겹다고 생각할 수 있는 일상을 꾸준히 글로 풀어내는 실력이 놀라웠다. 세심한 관찰력과 나만의 시각이 있다면 평범한 소재로도 창의적인 글을 쓸 수 있다.

글을 쓴 이후부터 평소라면 그냥 지나쳤을 사람과 풍경에 더 관심을 기울이게 된다. 카페에 혼자 있는 사람, 지하철에서 앉아 있는 사람, 거리를 지나가는 사람들을 관찰하며 글감을 떠올린다. 둘레길의 바뀌는 풍경도 좋은 글감이 된다. 봄에 새순이 돋아나고 몽우리가 생기고 꽃이 피는 과정을 더 유심히 보게 된다.

글을 쓰기 위해 내 주위에 관심을 가지게 되니 내가 더 따뜻한 사람이 되는 느낌이다. 언젠가부터 이런 변화를 발견하는 것은 나의 소소한 기쁨이 되었다. 꾸준히 쓰려다 보니 관심 분야가 확장되고 호기심도 더 깊어진다. 나와 세상과 사람에 대해 더 깊이 알고 싶은 마음은 글쓰기의 원동력이 된다.

매일 야외 달리기를 했던 것이 글감을 찾는 것에 많은 도움이 되었다. 탁 트인 곳을 걷거나 달리다 보면 뇌가 활성화되고 마음이 열리기에 창의적인 아이디어가 샘솟기 때문이다. 영감이 떠올랐을 때는 즉

시 메모를 하는 것이 좋다. 달리다가 좋은 생각이 떠오르면 카카오톡 나에게 보내는 메시지로 아이디어를 보낸다.

"시리야! '글쓰기의 좋은 점' 나에게 메시지로 보내줘."

이렇게 말하면 시리가 메모해 준다. 문제는 글감을 보낸 후의 게으름이다. 나에게 온 메시지에는 아직 쓰지 못한 글감들이 수북이 쌓여 있다. 떠오른 영감에 대해 쓰고 싶은 마음이 사라지기 전에 부지런히 글을 써야 한다.

예술가는 그 일을 하고 있지 않을 때도 절대 그 일에서 자유로워질 수 없는 존재라고 한다. 늘 글감을 찾아 헤매는 나를 보면 나에게도 예술가 기질이 있는 것 같다. 이런저런 시도를 해 봐도 글감이 떠오르지 않을 때는 독서가 필요한 시점이다. 충분히 읽으면 인풋이 차오르고 글을 쓰고 싶어지는 시점이 온다. 혹은 나를 새로운 환경에 놓거나 잠시 걷기만 해도 좋은 아이디어가 떠오른다. 해가 떠오르거나 지는 풍경, 지저귀는 새소리, 아스팔트를 뚫고 피어나는 민들레 등도 글의 소재가 될 수 있다.

달리면서 생긴 나의 변화와 떠올랐던 생각들, 주위의 풍경 등을 글로 자주 썼다. 특별한 내용은 없었지만 달리기 글을 읽고 힘이 난다는 댓글을 많이 받았다. 좋은 에너지를 주고받으며 사람들과 연결되는 느낌이 좋다. 서로의 글을 읽으면 서로의 삶을 응원하게 된다. 글에는 각자의 삶이 담겨 있기 때문이다.

3년이 다 되어 가는 시간 동안 블로그에 1,000편이 넘는 글을 발행했다. 글감이 떠오르고 글이 잘 써졌던 날보다는 아닌 날이 훨씬 더 많았다. '오늘은 어떤 글을 쓰지?'라는 생각은 '나 요즘 무슨 생각을 하면서 살고 있지?'라는 물음으로 이어진다. 글을 쓰면 자연스럽게 내 삶을 더 자주 돌아보게 된다.

삶을 바라보는 태도를 바꾸면 매일의 일상에서도 특별한 순간을 발견할 수 있다. 그냥 넘길 수 있는 아이와의 대화에도 더 귀를 기울이게 된다. 아무것도 아닌 것 같은 경험과 무채색의 일상도 글로 적으면 더 생생하게 되살아난다. 글은 삶에 숨을 불어넣고 일상을 더 반짝거리게 만든다.

글감을 붙잡아 한 편의 글을 완성하는 것이 쉬운 일은 아니다. 그러나 그런 과정을 통해 작고 사소한 것에서도 의미를 찾게 되는 점이 좋다. 글을 쓰는 건 나에게 의미 있는 순간을 붙잡아 두는 일이다. 쓰면 쓸수록 매 순간 얻게 되는 배움과 깨달음이 많아진다.

꾸준히 글을 써서 올리다 보니 인내심이 늘었다. 우울해질 때 그 마음을 이기고 한편의 글을 쓰면 오히려 기분 전환이 된다. 힘들 때는 힘든 마음을 글에 담는다. 글을 쓰기 싫은 마음도 글감이 될 수 있다. 실패와 좌절의 경험도 글로 쓰면 나에게 상처가 되었던 일을 다시 바라볼 수 있다.

글쓰기를 통해 환경과 상황이 나에게 주는 메시지를 다각도로 해

석할 수 있게 되었다. 힘든 일이 생겼을 때 주저앉기 보다는 이 일을 통해 내가 배울 수 있는 부분은 없는지 스스로 묻게 된다. 바꿀 수 없는 환경을 탓하기보다 작은 부분이라도 내가 변화시킬 수 있는 부분을 찾아서 행동하는 지혜가 생겼다.

쓰기 위해 내 삶을 가만히 바라볼 때 결국 내 안에 해답이 있었다는 것을 알게 된다. 꾸준히 쓴다는 것은 내 마음속 긍정의 씨앗을 크게 키우는 일이다. 삼시 세끼보다 더 많은 고민을 하며 글을 썼던 시간들 덕분에 내 삶을 있는 그대로 혹은 더 긍정적으로 바라볼 수 있는 여유가 생겼다.

나를 사랑하는 시간

　글을 쓰는 새벽은 나에 대한 믿음이 자라나는 시간이다. 새벽에 일어나 책을 읽고 글을 쓰는 나를 믿게 된다. 책을 읽다가 혹은 글을 쓰면서 가끔 울기도 한다. 독서와 사색을 할수록 내가 더 깊어지는 느낌이다. 전에는 느끼지 못했던 감정도 자주 마주한다.

　책을 읽다가 미래의 내 모습을 그리게 된 날이 있었다. 꾸준히 책을 쓰는 작가로 사는 나를 상상하니 벅찬 느낌이 들었다. 누군가 했다면 나도 할 수 있을 것 같은 내 안에 작은 희망을 발견했다. 스스로 발견한 희망과 믿음은 작더라도 소중하기에 그 마음의 불씨를 잘 살려야 한다. 지금처럼 꾸준히 글을 쓴다면 그 희망은 점점 더 커질 것 같다.

글을 쓰는 일이 늘 순조롭지는 않지만 그럼에도 불구하고 내가 글을 쓰려고 애쓰는 시간들을 사랑한다. 새벽에 글을 써 내려갔던 시간을 통해 결과가 아닌 과정을 사랑하는 법을 배웠다.

글쓰기의 과정처럼 하루의 시작도 늘 순조로운 것은 아니다. 매일 가족을 대하는 일이 때로는 힘이 든다. 아이들 등교 전에 전쟁 같은 아침을 보내고 나면 기분이 엉망이 된다. 미안함과 자괴감, 후회가 뒤섞인다. 한 번 싸웠다고 나쁜 엄마가 되는 건 아닌데 그 죄책감을 잘 받아들이지 못한다. '미움받을 용기'가 없기에 나쁜 사람이 되는 게 싫은 것이다. 나에게는 착한 아이 콤플렉스가 아닌 착한 어른 콤플렉스가 있는 듯하다.

사람을 불행하게 하는 요인 중 하나는 타인에게 인정받고 싶어 하는 욕망이다. 우리는 어려서는 부모님의 인정, 커서는 사회적 인정에 중독되도록 자라왔다. 그 결과 타인의 인정이나 칭찬이 주는 쾌감에 중독되어 자신의 진정한 삶을 살지 못하는 경우가 많다.

우리가 느끼는 대부분의 두려움은 타인의 인정과 연관되어 있다. 사람은 실패나 역경 자체보다는 그 이후 내가 받게 될 사람들의 무시나 비난을 더 두려워한다. 길을 가다가 넘어졌을 때 무의식적으로 주위를 살펴보는 이유는 무엇일까? 누군가 보았다면 일으켜 주고 도와주려고 할 텐데 혹시 누가 나를 보고 비웃을까 봐 두려운 것이다.

나도 이런 두려움이 큰 사람이다. 남의 인정을 많이 원하는 편이다.

글을 쓰고 나를 돌아보면서 이런 부분도 조금은 내려놓게 되었다. 꾸준한 글쓰기로 나 자신과 더 건강한 관계를 맺을 수 있다는 믿음이 생겼기 때문이다. 책을 읽고 글을 쓰는 수많은 새벽을 보내며 내가 더 좋아졌고 나와 더 친해졌다. 나 스스로 나를 위로하고 응원하며 칭찬하는 방법을 알게 되었다.

나에게 솔직한 글을 쓰면 스스로를 위로할 수 있다. 글을 쓰기 전에는 나의 상처와 아픔에 잘 공감하지 못했다. 약한 모습을 마주하기 싫어 늘 외면해 왔다. 그러나 보기 싫은 것을 피한다고 해서 그것이 사라지는 것은 아니었다. 힘든 상처가 곪아서 터질 무렵 글을 쓰게 되었다. 일기를 쓰는 것만으로도 치유가 되었다.

어느 날 달리기를 시작했고 울면서 달렸던 이야기를 블로그에 공개했다. 꾸준히 글을 써서 올렸고 그때마다 나를 응원해 주는 따뜻한 말 한마디에 큰 힘을 낼 수 있었다. 힘이 들 때 도움이 되는 것은 특별하거나 대단한 해결책이 아니다. 누군가의 조용한 응원과 지지이다. 한 사람의 따뜻한 말과 나를 바라봐 주는 시선, 사소한 위로의 문장 하나가 나를 다시 일으켜 세운다. 혼자인 것을 좋아하지만 가끔은 누군가에게 기대는 것도 나를 위한 용기임을 이제는 조금 알 것 같다.

속상했던 일을 종이에 털어놓으면 마음이 가벼워진다. 불안하고 두려울 때는 걱정이 밀려오는데 그럴 때 글을 쓰면 불안했던 감정은 가라앉고 작아진다. 실제로 인지행동치료를 할 때도 '감정 일지' 쓰기를 많이 활용한다고 한다. 글을 쓰다 보면 내 안에 있었던 불안과 걱정이 그리 심각한 게 아니었다는 것을 알 수 있다. 그런 감정을 마주하는 게 쉽지 않지만 그래도 자주 바라봐 주는 게 좋다. 인내를 가지고 관찰하다 보면 내 생각의 패턴과 내가 언제 부정적인 감정에 사로잡히는지 보이기 때문이다. 보기 싫어서 꼭꼭 숨겨 두었던 나의 열등감과도 마주할 수 있다. 바라보기만 해도, 알아주기만 해도 그런 감정들은 누그러진다.

글쓰기는 자신과의 대화이다. 보여 주기 위한 글보다 나를 위한 글을 쓰는 것이 우선이다. 내가 쓰고 내가 읽으며 내가 감동을 느끼게 되는 게 글이다. 나답게 살고 나로 살기 위해 글을 쓴다. 나에게 글쓰기는 숨쉬기이다. 숨을 쉬는 데 아무 이유가 없듯, 글을 쓰는 데도 이제 특별한 이유가 생각나지 않는다.

글을 쓰기 전, 고요함에 머무르는 순간이 있다. 숨을 고르고 잠시 고독해져야 한다. 평온해지는 나를 볼 때, 사색하는 내 모습을 볼 때, 내가 잘 살고 있다는 생각이 든다. 하나의 열매가 영글기 위해 비, 바람, 햇빛이 필요하듯 사람에게도 다양한 감정이 필요하다. 작가는 삶의 모든 경험과 감정을 나만의 시선으로 바라볼 줄 아는 사람이다.

인생은 초콜릿 상자와 같다. 살다 보면 부드럽고 달콤한 날도 있지만 뱉어버리고 싶을 만큼 씁쓸한 날도 있다. 알 수 없는 미래라 불안할 수도 있겠지만 설레고 기대하는 마음을 가진 사람에게는 그에 맞는 하루가 펼쳐진다. 새벽 혹은 아침에 글을 쓰는 이유는 부정적인 생각과 감정을 내려놓고 긍정과 감사의 하루를 맞이하기 위함이다. 글을 쓰며 쓸데없는 상념과 생각을 정리하다 보면 머릿속이 맑아지고 마음은 차분해진다.

매일 새벽 독서로 나를 채우고 글을 쓰면서 나를 비워낸다. 이 순환의 반복이 내 삶을 대하는 태도를 변화시켰다. 글쓰기는 스스로를 향한 사랑의 표현이다. 나를 보는 일이 때로는 많이 아프지만 상처를 마주할 만큼 내게는 용기가 생겼다. 꾸준한 글쓰기로 스스로를 향한 사랑을 표현하며 더 단단해지는 나 그리고 당신이 되면 좋겠다.

하루 10분 글쓰기 루틴 만들기

새벽에는 임윤찬의 바흐를 자주 듣는다. 그가 연주하는 아름다운 피아노 선율은 내 마음의 안정제이다. 임윤찬의 연주에는 카리스마와 순수함이 있다. 클래식을 틀어 놓고 커피를 내리며 잠시 멍하니 있는 것이 글쓰기 전 나의 루틴이다.

글을 쓸 때는 핸드폰을 몰입의 방(핸드폰 잠금 통)에 넣고 쓰기에만 집중한다. 핸드폰 없이 작업했을 때 생산성이 높아지고 더 깊이 몰입할 수 있기 때문이다. 글쓰기에 몰입했을 때 시간이 훌쩍 지나가는 경험을 자주 한다. 좋은 글이 써지지 않더라도 글을 쓰며 몰입하는 시간은 참 행복하다.

블로그 글쓰기를 시작하며 나만의 공간을 만들었다. 주방의 식탁을 내 공간으로 쓰고 있다. 장식장 한 부분을 작은 서재로 만들고 읽을 책들과 노트북, 필기도구를 두었다. 전업맘은 가족의 밥을 해 주고 아이들을 보살피는 중요한 일을 하면서도 스스로 위축되는 경우가 많다. 나를 더 사랑하기 위해서라도 내 공간을 만들어야 한다. 나만의 시간을 적어도 하루에 1시간 이상은 가져야 한다. 있는 그대로의 나도 소중하지만, 어제보다 오늘, 오늘보다 내일 더 나아지는 나를 보는 것은 또 다른 기쁨과 즐거움이다. 성장하는 자신을 볼 때 사람은 더 행복해질 수 있다. 나만의 시간과 공간이 생기면 나 자신이 더 소중한 존재가 된 느낌이 든다.

성장하고 싶다면 시간과 공간과 돈을 나에게 투자해야 한다. 가족에게 내가 좋아하고 원하는 것을 꾸준한 행동으로 보여 줄 필요도 있다. 타인이 나를 바라보는 인식은 다른 사람이 아닌 내가 만드는 것이기 때문이다. 좋아하고 원하는 일을 할 때의 만족감은 삶의 원동력이 되기도 한다.

매일 새벽 약 두 시간 정도는 나만의 공간에서 책을 읽고 글을 쓴다. 정해진 시간에 글을 쓰면 재미와 창의성이 사라질 것 같지만 그렇지 않다. 늘 글을 쓰는 시간에는 영감이 더 잘 떠오른다. 글쓰기 습관을 만들기 위해서는 일정한 시간에 쓰지 않으면 이상하다는 느낌이 들 때까지 꾸준히 써야 한다.

글쓰기가 처음이라면 시간을 정하고 자리에 앉아 10분 자유 글쓰기로 시작해 봐도 좋을 것이다. 단 한 줄이라도 써 보겠다는 마음이 중요하다. 시간을 정하고 쓰는 글은 압박감이 있기 때문에 짧더라도 몰입해서 쓸 수 있다. 사람마다 글이 잘 써지는 시간대도 다를 것이다. 나는 새벽이나 오전 시간에 집중이 잘 되기에 주로 그 시간을 활용한다. 누군가는 늦은 저녁 시간부터 밤을 새워 글을 쓴다고 한다. 중요한 것은 매일 스스로를 응원하며 글을 써 나가는 것이다.

매일 쓰는 습관이 잡혀 있지 않다면 1일 1포 오픈 채팅방 등 꼭 쓸 수밖에 없는 시스템에 나를 가두거나 주위 사람들에게 글을 쓰겠다고 공언하는 방법도 좋다. 1일 1포가 익숙해졌을 무렵 나는 하루에 두 편씩 글을 쓰기로 마음먹었다. 100일간 1일 2포를 하겠다는 공언을 하니 주위의 이웃분들이 많이 응원해 주셨다. 내가 한 공언과 이웃분들의 응원 덕분에 1일 2포가 힘들어도 중간에 포기할 수 없었다.

하루에 두 편을 쓴 이후부터는 글쓰기 루틴에도 변화가 생겼다. 틈새 시간이 생기면 책을 읽거나 글을 쓰는 습관을 만들었다. 지하철이나 버스로 이동 중에 글을 쓴 적도 많다. '어떤 글을 쓰지?'라는 고민이 그날의 식사 메뉴를 정하는 것보다 우선순위가 되었다.

글쓰기를 통한 성장과 변화를 원한다면 스스로 목표를 정하고 매일 같은 시간에 글을 써 보겠다는 각오가 필요하다. 글은 쓰면 쓸수록 소재가 떠오르고 재미가 붙는다. 쉽지는 않겠지만 꾸준히 쓰는 습관은 나를 더 강하게 만들어 준다. 성실하게 글을 쓰는 연습으로 작은 성공과 성취를 맛보면 자신감도 붙는다.

책을 읽는 일보다 글을 쓰는 과정에서 더 많은 것을 배우고 크게 성장할 수 있다. 온라인 공간에 하루 한 편의 글을 올려 보는 것을 추천한다. 글 친구가 생기면 서로를 응원하며 더 꾸준히 글을 쓸 수 있기 때문이다. 타인의 글에서 영감을 받는 것도 글을 계속 쓸 수 있는 동기 부여가 된다.

어딘가에 글을 써서 매일 올리는 것은 그 자체로 가치 있는 일이다. 평범하고 작은 일이라도 한 가지 일을 꾸준히 하면 그것은 특별한 일이 된다. 새벽 기상, 하루 30분 이상 책 읽기, 매일 걷기, 매일 달리기 등을 3년 이상 반복한다면 그것은 평범함이 아닌 희소하고 특별한 것이 된다.

원하는 것을 얻는 특별한 방법은 없다. 우직하게 엉덩이를 붙이고 앉아 내가 원하는 것에 집중하고 몰입해야 한다. 이런 태도로 일정하고 꾸준히 원하는 것을 하는 사람은 흔치 않다. 적어도 3년 이상 희소성이 있는 무언가를 꾸준히 하는 루틴이 있다면 남들과는 차별화되었다는 뜻이다.

진정성이 담긴 글을 꾸준히 쓰는 사람은 좋은 방향으로 변화할 수밖에 없다. 다만 내면의 변화가 현실로 나타나는 데에는 생각보다 꽤 긴 시간이 필요하다. 한 가지를 꾸준히 하더라도 눈에 띌 정도로 변화하는 데에는 적어도 7년 정도가 걸린다고 한다. 내 글의 조회수와 이웃이나 팔로워 수 등 외부적인 숫자가 늘어나는 것에 크게 연연할 필요는 없다. 외부 중심이 아닌 내면 성장에 포커스를 맞췄을 때 흔들리지 않고 내 길을 갈 수 있다. 글쓰기 시작 후 10일, 20일, 100일이 지나면 꿈틀꿈틀 내 마음속에 어떤 변화라도 생기게 된다. 매일 조금씩 나아지는 나를 만나는 기쁨을 느낄 수 있다. 꾸준한 글쓰기는 책 쓰기로 이어질 가능성도 있다. 글쓰기는 지금도 좋고 나중에도 좋은 일이다.

글을 쓰는 삶이 좋다. 글쓰기만으로도 내 삶을 더 잘 살고 싶다는 동기 부여가 되기 때문이다. 글을 쓰면서 내 일상에 더 충실하게 되었다. 내 인생에서 내가 가장 잘한 일 중 하나는 마음이 괴로운 상황에서 책을 읽고 글쓰기를 시작했다는 것이다. 꾸준한 독서와 글쓰기 루틴 덕분에 마음의 중심을 잡을 수 있었다. 글을 쓰며 내 인생을 멀리서 바라볼 때 고통도 축복으로 받아들일 수 있는 통찰과 지혜가 생긴다.

처음 글쓰기를 시작할 때만 해도 달리기보다 글쓰기를 우선순위에 두게 될 줄은 몰랐다. 블로그 글을 쓰며 자연스럽게 글쓰기 시간이 늘어났다. 책을 쓰면서는 하루 종일 글만 쓰며 시간을 보내는 날들도 많았다. 쓰면 쓸수록 더 잘 쓰고 싶은 욕심, 좋은 글을 쓰고 싶다는 생각이 나를 계속 쓰게 한다. 글감이 떠오르지 않을 때는 좀 많이 괴롭지만, 한 편의 글을 쓰고 발행 버튼을 누를 때의 성취감이 참 좋다. 괴로움보다는 성취감에 비중을 두는 글쓰기로 스스로를 성장시키며 나아가면 좋겠다.

제3장

매일 아침 달리기의 힘 : 뜨겁게 나를 응원하는 시간

매일 아침 6시 나는 운동화 끈을 묶는다

어느 봄 새벽 5시 반쯤 눈이 떠졌다. 달리러 가야 하는데 밖이 아직 깜깜하다. 조금 무섭기도 해서 책을 읽으며 운동복을 미리 챙겼다. 해가 뜰 때 나가고 싶어서 창밖을 보며 밝아지기를 기다렸다. 태양을 기다리다가 지구의 자전과 공전이 떠올랐고 생각이 우주까지 확장되는 순간, 날이 밝아오기 시작했다.

겨울 내내 트레드밀 위만 달리다가 드디어 야외 달리기다. 수없이 달렸던 둘레길을 오랜만에 보니 왠지 더 반가운 마음이 든다. 물 만난 물고기처럼 앞으로 달려 나갔다. 워치로 페이스를 보고 좌절도 했다가 다시 기운을 내 본다. 힘들 때는 "이얍!" 기합도 넣어보고 "잘하고 있다. 나 자신!" 셀프 칭찬도 한다.

신나게 달리다 보니 벌써 나만의 반환점에 도착이다. 그곳에서 보이는 마을의 풍경과 햇살 비친 나무를 사진에 담고 잠시 한숨을 돌려본다. 돌아올 때는 시간이 더 빠르게 흐르는 것 같았다. 7km, 8km를 지나 10km를 완주했다. 오랜만에 10km 완주라 더 뿌듯한 마음이다.

달리기를 끝냈을 때보다 더 기분 좋은 순간은 샤워를 마친 후이다. 적당한 노곤함과 상쾌함, 운동을 해냈다는 뿌듯함이 뒤섞여 나의 행복감은 최고조에 이른다. 그때 마시는 커피의 맛은 정말 환상이다. 달리기는 내 전용 바리스타이다. 달린 후에만 마실 수 있는 한정판 커피를 마시며 블로그에 글을 쓸 때 나는 세상 그 누구도 부럽지가 않다.

2021년 가을을 기점으로 달리기를 시작했다. 달리기 시작 전에는 매일 자전거를 탔는데 그때마다 내 옆을 달리는 사람들이 있었다. 보기만 해도 지루하고 힘든 표정으로 달리는 사람을 보며 이런 생각을 했다.

'운동을 즐겁게 해야지, 저렇게 힘든 표정으로 해야 하나?'

내 지인 중 아무도 달리는 사람은 없었고 나 역시 달리기에는 관심이 없었다. 나에게 달리기란 힘든 데 억지로 참으며 하는 운동이었다.

그러던 어느 저녁, 소파에서 쉬고 있는데 문득 포니테일 머리를 흩날리며 멋지게 달리는 내 모습이 떠올랐다. 갑자기 떠오른 영감이 나를 달리기의 세계로 이끈 것이다. 그날 저녁부터 나는 달리고 싶어졌다. 달려야 할 것 같았다. 달리기 위해 이런저런 검색을 하다가 '런데이'라는 어플을 알게 되었다.

"지금, 이 시간 다른 사람들은 집에 누워있거나 소파에 앉아서 티브이를 보고 있을 텐데요. 이렇게 나와서 달리는 여러분은 정말 대단합니다!"

어플 속에서 흘러나왔던 파이팅 넘치는 멘트 덕분에 혼자였지만 혼자가 아닌 기분이 들었다. 내 러닝의 첫 시작은 1분 걷기와 1분 달리기의 반복이었다. 8주간의 초보 프로그램이 끝나갈 무렵 쉬지 않고 30분을 달려냈다. 30분 달리기가 뭐라고 말할 수 없는 성취감과 기쁨도 모자라 안도감까지 들었다.

그 후 21일 동안 매일 달리기에 도전했다. 기도를 드리듯 정성스러운 마음으로 21일간을 달렸다. 연인과 만나 데이트 날짜를 세는 것처럼 나는 달리기와 사랑에 빠졌다. 지금도 달리고 있고 달리는 것을 좋아하지만 이때의 내 모습을 떠올리면 웃음이 난다. 달리기로 시작했던 하루가 별로였던 기억은 거의 없다. 하루하루를 늘 기분 좋게 살수도 있다는 것을 달리기를 통해 배웠다.

우리는 늘 살아서 숨을 쉬고 있지만 내가 살아있다는 사실을 의식하거나 그 호흡에 감사하는 일은 거의 없다. 그보다는 내 앞에 놓인 환경과 상황에 대한 불만과 걱정, 다른 사람들이 나를 바라보는 시선을 신경 쓰며 불안해할 때가 더 많다.

달릴 때만큼은 그런 잡념보다는 숨이 차오르는 감각을 통해 내가 살아있음을 느낄 수 있다. 달리기를 할 때는 자연스럽게 나와 소통하고 오롯이 나에게만 집중하게 된다. 천천히 달리며 힘들어하는 나, 지루해하는 나, 신나게 달리는 나를 바라보고 알아차릴 때 달리기는 곧 명상이 된다.

한여름의 새벽 달리기를 좋아한다. 이글거리며 떠오르는 태양을 마주하고 시끄럽게 울어대는 매미 소리를 들으며 달려 나갈 때, 나는 마치 다른 세상에 와 있는 것 같다. 달리는 것은 힘들지만 땀이 흐를 때의 느낌은 정말 좋다. 달리느라 힘든 와중에 머릿속으로 온갖 생각들이 아지랑이처럼 피어오르는 것도 신기하다. 흘러내린 땀으로 젖은 머리카락이 이마에 붙고 티셔츠는 몸에 달라붙는다. 나에게 여름은 조금만 달려도 땀을 흘릴 수 있는 오히려 더 좋은 계절이다.

어린이와 어른의 가장 큰 차이는 무엇일까? 바로 인생을 대하는 태도일 것이다. 아이들은 작은 것에 기뻐하고 사소한 것에도 설렘을 느낀다. 소풍, 크리스마스, 생일이 아니어도 매일을 특별하게 생각한다. 어른이 된 후로는? 여행이나 결혼기념일, 생일 등 큰 이벤트가 아니면 설렐 일이 거의 없다. 달리기는 어른이 된 나에게 어린 시절의 설렘을 되찾아 주었다. 눈을 뜨자마자 하고 싶은 일이 있고 달릴 수 있다는 사실이 나를 설레게 했다.

　러닝 후에는 내가 좋아지고 나를 사랑하는 마음이 커진다. 고통을 이겨내고 목표 거리를 완주한 나에게 감동을 느낀다. 달린 후에 느낄 수 있는 뿌듯한 행복감은 다른 쾌락으로 얻는 즐거움과는 많이 다르다. 고통을 느꼈던 만큼 훨씬 더 강력하고 깊은 그런 행복이 느껴진다.

　달리기는 잠들어 있던 나의 몸, 억눌려 있었던 내 마음과 생각을 깨운다. 여기저기 끼어 있는 나태함, 안일함, 무기력이라는 마음의 때를 벗겨내 준다. 몸과 마음은 둘이 아니라 하나라는 것을 달리다 보면 잘 알 수 있다. 고민이 있거나 스트레스가 쌓일 때, 마음이 답답할 때 운동화를 신고 밖으로 나가보자. 탁 트인 공간을 걷거나 달리다 보면 굳어 있던 몸이 풀리며 마음도 활짝 열린다.

　운동화와 튼튼한 두 다리, 달릴 공간만 있으면 언제든 달릴 수 있는 것 또한 러닝의 장점이다. 달려낸 거리만큼 자신감도 쌓여간다. 러너들이 고통스러운 표정으로 힘들어하면서도 달리는 데는 다 이유가 있었다. 발걸음과 호흡에 집중하다 보면 스트레스, 걱정, 불안은 줄어들고 내 시야와 생각은 확장된다.

　새벽에 달릴 때는 떠오르는 태양을 보며 새로운 에너지를 얻을 수 있다. 평범했던 동네 풍경도 해가 뜨고 지는 때에는 더 아름다워 보인다. 자연을 보며 몰입하는 경험은 사람 안에 존중심을 만들어 낸다고 한다. 맑고 깨끗한 하늘에 구름이 떠가는 모습, 서쪽 하늘에 노을이 지는 모습만 봐도 잡념이 사라지고 하늘의 신비로움에 그저 경탄하게 된다.

새벽 달리기를 한 지 벌써 4년째에 접어든다. 4년 전 달리기가 내 연인과 같았다면 지금의 달리기는 내 베스트프렌드이다. 기분이 좋으면 좋은 대로, 슬프면 슬픈 대로, 불안하고 우울할 때도 달리기는 거기에 맞는 무언가를 준다. 그것이 내가 달리기를 좋아하고 계속하는 이유이다. 달리기가 주는 무언의 메시지에 귀를 기울이기 위해 나는 오늘도 운동화 끈을 묶고 집을 나선다.

인생은 고통과 지루함을 오가는 움직임 속에 있다

2024년 11월의 어느 날 새벽부터 차를 타고 안양천으로 향했다. 차에서 내렸을 때의 선선한 기온과 적당한 습도가 달리기에 딱 좋게 느껴졌다. 좋아하는 노래를 선곡하고 시원한 바람을 느끼며 달리기 시작했다.

출발지인 신정교에서 30분 정도를 달리면 한강 합수부에 도착한다. 이곳에 도착하면 잠시 달리기를 멈추게 된다. 맑고 깨끗한 하늘, 구름 뒤로 숨겨진 태양, 유유히 흐르는 한강을 바라보면 내가 지금 여기에 있다는 것에 그저 감사하게 된다. 자연을 바라보며 달리는 것이 내게는 최고의 힐링이다.

오랜만에 보는 아름다운 풍경에 푹 빠져 동영상까지 찍다 보니 휴대폰 배터리가 방전되는 줄도 몰랐다. 약 10km 지점이었는데 배터리는 10퍼센트 이하였다. 듣고 있던 음악도 끄고 카메라도 아껴야 했다. 갑자기 마라닉(마라톤을 피크닉처럼 즐겁게 달리는 것)에서 마라톤으로 바뀌는 지점이 되었다. 10km 이후부터는 다리도 더 아픈 것 같았다. 게다가 음악도 없으니 왠지 더 두려워졌다. 가는 길의 한강은 힐링이었는데 오는 길의 한강은 공포가 되었다. 넘어지면 바로 한강으로 떨어질 것 같은 공사 중인 다리를 건너야 했기 때문이다.

정신줄을 잘 잡고 좁은 길의 공포를 이겨내니 이번에는 다리에 고통이 더해지는 느낌이다. '해답은 고통 속에'라는 말이 떠올랐다. 이 고통 속에 정말 해답이 있을까? 아무 생각도 들지 않았던 와중에 어느새 15km 지점까지 오게 되었다. 그때부터는 정신력으로 버텨야 했다. 16km, 17km, 18km, 19km의 구간은 마치 슬로우 비디오를 튼 것처럼 천천히 흘렀다. 이제 2km가 남은 순간 휴대폰 배터리도 나도 모두 잘 살아있었다.

"정말 대단합니다. 도달 거리는 20km입니다."

런데이 아저씨의 멘트가 흘러나왔다. 순간 울컥했지만, 이날은 눈물을 참아보았다. 1km만 더 버티면 되는데 나머지 1km는 진공 상태 같은 느낌이 들었다. 모든 게 멈춘 것 같았는데 헉헉거리는 내 숨소리만 들렸다.

"대단합니다. 도달 거리는 21km입니다."

한 번 더 울컥했다. 나 혼자 하프 거리를 완주했다. 세 번째 완주였지만 내가 해냈다는 게 잘 믿기지 않았다.

돌아오는 길에 많은 러너들을 마주쳤다. 내가 느끼는 고통 때문인지 다른 사람의 표정도 예사롭지 않아 보였다. 달리는 사람 모두에게 존경의 마음이 들었다. 다들 비슷한 마음으로 내적 갈등을 이기며 달리고 있는 것 같았다. '해답은 고통 속에'라는 말이 또다시 떠올랐다. 너무 고통스러우면 아무런 생각도 들지 않지만, 고통을 이겨낸 후에는 나 스스로를 존중하는 마음이 커진다.

아무것도 하지 않았는데 무언가를 얻는다면 그것은 과연 좋은 것일까? 뇌 과학에 따르면 우리 뇌는 '힘들어 죽겠다'라고 생각하는 일을 가치 있게 여긴다고 한다. 예를 들어 배달 음식을 시켜 먹는 것보다는 귀찮더라도 내가 요리를 해 먹는 것을 더 좋아한다는 것이다. 이 말은 달려보면 더 실감이 된다. 힘들어 죽을 것 같은 내 한계를 넘겼을 때만 느낄 수 있는 벅찬 감동이 있다.

사람은 고통스럽거나 무료할 때 불행하다고 느낀다. 개인적으로는 고통보다 무료함을 더 견디기 힘들다. 무료함을 잊기 위해 노력할수록 더 공허해지는 느낌이 참 싫다. 그것보다는 내가 선택하는 고통이 더 나은 듯하다. 고통스럽지만 즐길 수 있는 것이 나에게는 달리기이다. 달린 후에 흐르는 땀이 좋다. 샤워 후 날아갈 것 같은 개운함과 상쾌함, 꿀맛이 나는 한 끼 밥을 먹을 때의 만족감이 나를 또 달리게 한다.

장거리 마라톤을 할 때 느껴지는 두 가지의 고통이 있다. 하나는 다리, 발목이 아픈 신체적인 고통이고 또 다른 하나는 정신적인 지루함을 견뎌내야 하는 고통이다. 신체적인 통증보다는 정신적인 지루함과 두려움을 이겨내는 것이 조금 더 고통스럽다.내 한계를 넘길 때는 내적 갈등도 겪게 된다. '더 달릴까? 여기에서 그만둘까?' 이 둘 사이의 선택을 하기 위해 많은 이유가 떠오른다.

'하루 종일 힘들 거야 vs 지금 아니면 언제 또 달리겠어?'

'얼른 끝내고 가서 맛있는 것을 먹자 vs 조금만 더 달려보자!'

'이쯤에서 그만두자, 누가 알아준다고 vs 내가 정한 목표니, 끝까지 달려보자.'

지루할 때쯤 멈추거나, 인내하며 더 달리거나 정답은 없다. 내가 달렸다는 사실이 중요할 뿐이다.

처음으로 5km를 달렸던 날을 떠올려 본다. 한 달 반 동안 조금씩 체력을 늘려가며 30분 달리기에 성공한 나는 자신감이 생겼다. 어느 날 5km를 달리고 싶다는 생각이 들었다. 두 달 전까지만 해도 1분 달리기와 1분 걷기 훈련을 했던 나에게 5km 달리기는 매우 큰 도전이었다. 5km는 당시 내가 살던 왕십리에서 광화문까지의 거리이다. 지하철로도 7코스, 차로 가도 약 20분이 걸리는 거리를 내가 달려서 갈 수 있을까? 심장이 두근거렸다.

첫 5km를 달리는데 대략 35분 정도가 걸렸다. 생각보다 힘들지는 않는데 달리는 내내 떨렸다. '끝까지 갈 수 있을까?'라는 두려움과 설렘이 있었다. 두려웠지만 해냈다. 나는 5km를 달릴 수 있는 사람이 되었다. 그 이후로도 내가 얼마나 더 달릴 수 있을지 궁금해졌다. 더 멀리 가 보고 싶었다. 7km에 도전했고, 10km에 도전했다.

첫 10km 달리기는 눈물의 사투였다. 약 8km 지점부터 정말 포기하고 싶었지만 스스로를 달래며 달리기를 이어갔다. 끝날 듯 끝나지 않는 나만의 레이스였다. 그래도 결국 해냈고 눈물이 펑펑 쏟아졌다. 나 자신에 대한 기특함, 대견함, 연민 등 알 수 없는 감정들이 휘몰아쳤다.

평소보다 긴 거리를 달리다 보면 버거운 순간은 찾아온다. 그런 위기를 넘기는 방법은 사람마다 다를 것이다. 누군가는 달린 후 맛있는 것을 먹는 상상으로 그런 위기를 넘긴다고 한다. 나는 아직 위기의 순간에 그런 상상을 할 만한 여유가 없다. 아무 생각도 하지 않고 그저 한 발 한 발 집중하거나 딱 1km만 더 가자고 나 자신을 설득한다. 1km가 지나면 또 1km만 더 가자고 나를 격려하는 방식으로 달리기를 이어간다. 살다 보면 누구에게나 버겁고 힘든 고비가 찾아오기 마련이다. 나는 그때 달리면서 배운 방법을 활용해서 버텨 본다. 너무 힘든 날은 오늘 하루, 지금 이 한 시간에 집중하며 견뎌보는 것도 꽤 괜찮은 방법이다.

가끔 전속력으로 달리다가 다시 천천히 달리는 인터벌훈련을 한다. 빠르게 달릴 때는 땀도 더 많이 나고 속도에 맞춰 달리느라 다른 생각이 잘 나지 않는다. 그러다가 속도를 늦추면 갑자기 다리가 더 아픈 것 같고 이런저런 생각이 떠오른다. '우리 인생은 결국 고통과 지루함을 오가는 움직임 사이에 있다.'라는 쇼펜하우어의 말처럼 인터벌 달리기가 마치 우리의 인생과 비슷하다고 느껴진다.

고통과 지루함을 오가며 달리는 가운데 내 달리기 실력과 다리 근육도 더 단단해졌다. 몸의 근육뿐 아니라 마음 근력을 위해서라도 작은 변화와 도전은 꼭 필요하다. 살기 위해서는 움직여야 하고 평안함을 위해서는 오히려 도전해야 한다. 고통 없이는 성장할 수 없고 고통을 이겨낸 뒤에는 상상 이상의 기쁨과 뿌듯함을 맛볼 수 있다. 남이 주는 고통 말고 스스로 택하는 고통을 통해 나 자신에게 성장할 기회를 주는 것은 어떨까?

우리 동네 하루키

미라클 모닝과 달리기를 하며 종종 '갓생'을 산다고 느낀다. 내가 생각하는 갓생은 매일 새로 태어나는 기분으로 사는 것이다. 하루하루 설레고 신나게 살아가는 것이다. 두근거리는 설렘은 누가 만들어 주는 것이 아니다. 수동적인 감동보다는 나 스스로 만들어 내는 작은 기쁨을 좋아한다. 작더라도 의미 있는 도전이 나를 설레게 한다.

2024년의 어느 가을 새벽 3시 반에 눈이 떠졌다. 평소처럼 독서와 글쓰기 루틴을 끝내고 30분을 달렸다. 집으로 돌아와 간단한 집안일을 마친 후 동네 카페로 갔다. 오픈 시간이라 손님은 나 혼자였는데 자리에 앉자마자 'Maroon5'의 'memories'가 흘러나왔다. 청계천을 달릴 때 매일 들었던 곡이라 그때의 추억이 떠오르며 괜스레 기분이 더 좋아졌다. 작은 카페가 마치 나만을 위한 공간처럼 느껴졌다. 책 쓰기 코칭을 받는 날이라 더 기대감에 들뜨기도 했다. 이 아침은 정말 갓생을 사는 기분이 들었다.

블로그에 매일 달리기와 독서 포스팅을 이어가던 어느 날, 누군가가 내 글에 "무라카미 하루키 같아요"라는 라는 댓글을 달아 주었다. 대문호인 하루키와 나를 비교해 주다니 과찬인 것을 알면서도 기분이 좋았다. 당시 블로그 닉네임을 바꾸려는 고민을 하고 있었는데 그 고민을 들은 또 다른 이웃님이 이런 제안을 했다.

"우리 동네 하루키 어때요?"

재치 있는 닉네임이 마음에 들었지만 차마 그 이름을 쓸 용기는 없었다.

하루키는 매일 일정 시간 글을 쓰고 달리는 루틴을 수십 년간 반복하고 있다고 한다. 다음은 하루키가 반복하고 있는 루틴이다.

"저는 새벽 4시에 일어나 5~6시간 글을 씁니다. 오후에는 10km를 뛰고 1,500m를 수영한 뒤 책을 읽고 음악을 듣다가 밤 9시에 잠자리에 듭니다. 저는 이런 일상을 조금의 변화도 없이 매일 반복합니다. 반복은 매우 중요합니다. 최면과 같은 겁니다. 더 깊은 내면으로 저를 이끌어 줍니다. 하지만 이런 반복적인 생활을 지속하려면 많은 정신력과 체력이 필요합니다. 그래서 긴 소설을 쓰는 것은 생존 훈련을 하는 것과 같습니다. 강인한 체력은 예술적인 감수성만큼이나 중요합니다."

반복이 자신을 더 깊은 내면으로 이끌어 준다는 구절이 마음에 와 닿았다. 몇십 년간 반복했을 루틴을 통해 하루키의 내면은 얼마나 더 깊어졌을까? 책을 쓰다 보니 하루키가 왜 그렇게 마라톤을 열심히 했는지 이해가 된다. 책은 손과 머리가 아닌 엉덩이 힘과 온몸으로 쓰는 것임을 배우고 있는 요즘이다.

모든 사람의 인생은 지루한 일의 반복으로 이루어져 있다. 반복은 외롭고 힘든 일이다. 그러나 같은 반복을 하면서도 누군가는 이 반복이 힘이 될 것이라 믿고 꾸준히 하지만 다른 누군가는 그것을 견디지 못하고 포기한다.

반복을 통한 습관을 만드는 데에는 생각보다 오랜 시간이 걸린다. 습관을 만드는 기간으로 보통 100일을 이야기하지만 100일은 새로운 것에 대한 거부감이 사라지고 내게 조금 익숙해지는 시간일 뿐이다. 확실한 변화를 원한다면 그 이후에도 끊임없는 반복이 필요하다. 나에게 좋은 습관이라면 평생 해야 한다는 생각으로 그냥 하는 것이 좋다.

4년간 달렸지만 매일 달려도 매일 힘이 든다. 느리게라도 일정 시간 이상 달리면 숨이 차오르고 힘이 드는 것은 당연하다. 그러나 지루하고 외로운 시간을 버틸 수 있을 때 사람은 성장한다. 오래달리기는 성장통과 시간을 견디는 힘을 길러 준다. 달리기를 하며 나는 지루함을 견딜 줄 아는 사람이 되었다. 포기하고 싶은 순간을 견디는 법을 배웠다. 독서, 운동 등 어려운 것을 반복하면 삶이 쉬워진다. 고통의 기준이 올라가기 때문이다.

때로는 힘이 드는 것을 즐긴다. 고통이 생기면 그것에만 집중하게 되어 잡념이 잘 들지 않기 때문이다. '더 달릴까? 말까?'의 두 가지 질문이 머릿속을 꽉 채우기에 어떤 근심, 걱정이 끼어들 틈이 없다. 달리면 달릴수록 삶의 본질에 더 가까워지는 느낌이다. 달리기에는 많은 준비물이 필요하지 않다. 운동복과 운동화만 있으면 어디든 달릴 수 있다. 많은 것을 걸칠수록 거추장스럽고 무거워서 잘 달릴 수가 없다. 인생도 마찬가지이다. 내게 정말 필요한 것을 선택하고 그것에만 집중했을 때 원하는 곳까지 더 멀리 갈 수 있다.

꾸준히 달린 덕분에 불안을 마주하는 방식이 바뀌었다. 달릴 때는 내 마음을 더 깊이 보고 나에게 공감하게 된다. 많이 불안할 때는 감정을 애써 누르려 하기보다는 '불안할 수 있다. 그럴 수 있다.'는 마음으로 나를 바라보는 것이 좋다. 달리면 달릴수록 마음의 중심을 잡기가 수월해진다. 달린 후에는 편도체가 안정되고 전두엽이 활성화되어 평온한 상태가 유지되기 때문이다. 달리기는 몸의 근력뿐 아니라 마음 근력을 기르기에도 좋은 운동이다.

달리기가 좋지만, 가끔 꾀를 부리고 싶다. 어쨌든 몸을 일으키고 운동화를 신고 집 밖에 나가는 것이 귀찮게 느껴질 때가 있다. 때로는 귀찮음에 지기도 하지만 그것을 이기고 나와서 달리다 보면 달리기 싫었던 마음은 금세 사라진다. 시원한 바람을 가르며 달려가는 순간부터 나는 이미 자유다.

주위 풍경을 바라보며 한 시간쯤 달리다 보면 내 몸의 신호에 귀를 기울이게 된다. 장거리 달리기를 할 때처럼 내 몸의 증상에 집중하게 되는 때가 또 있을까? 고통의 강도만큼 끝난 후 느껴지는 희열감은 말로 표현하기 어려울 정도이다. 고통과 기쁨 사이를 오가다가 목표 거리를 완주하면 기쁨 너머의 그 무엇을 느끼게 된다. 주르륵 흐르는 땀방울이 이렇게 말해주는 느낌도 든다.

"너는 지금 잘 살고 있어!"

고통과 성취감으로 뒤범벅되어 달리다 보면 어느 순간 무념무상 상태가 된다. 세상이 멈추고 나만 혼자 있는 것 같은 느낌에 빠진다.

달리기는 시작부터 끝까지 매력적인 운동이다. 운동화 끈을 단단히 묶고 힘차게 출발하는 순간부터 신바람이 절로 난다. 평소보다 조금 더 오래 달렸을 때는 달린 후 허벅지와 종아리의 근육통이 길게 지속되는데 그 느낌이 싫지 않다. 지속되는 통증만큼 뿌듯함의 여운도 오래 이어지기 때문이다. 머리가 아닌 몸으로 배우고 느낀 것은 쉽게 사라지지 않는다. 달리기가 내 몸과 정신에 남긴 흔적이 좋기에 오늘도 나는 달리고 그 여운을 글로 남기고 있다.

Good run, Good luck

4년 전 겨울, 매일 새벽 5시가 되면 핫팩을 손에 쥐고 집 앞에 있는 청계천으로 향했다. 황학 시장부터 광화문까지 약 5km를 데일리 러닝 코스로 정했다. 한겨울은 새벽이 무척 어둡지만, 가로등과 주위 건물의 불빛 덕분에 내 러닝 코스는 늘 환했다. 새벽부터 조금은 들뜨는 분위기도 느껴졌다. 청계 광장 쪽에 있는 인공 폭포를 찍고 돌아오면 딱 5km를 달릴 수 있었다.

그 시절에 친하게 지냈던 후배가 있다. 달리기 전에는 같이 걷기 운동도 자주 했는데 나 혼자 달린 후부터는 잘 만나지 못했다. 그러던 중 후배가 나에게 먼저 연락을 했다.

"언니, 우리 같이 달려요, 저도 달릴래요."

갑자기 연락이 와서 조금 놀랐는데 후배는 나에게 이런 말도 했다.

"언니, 대단해요. 이렇게 행동으로 나를 달리게 만들다니."

이 좋은 달리기를 나 혼자 한 게 미안해지는 순간이었다. 한겨울 새벽부터 같이 달려 보겠다고 중무장을 하고 나온 그녀가 너무 귀여웠다. 내가 가져간 핫팩과 장갑을 나눠주고 같이 달리기 시작했다.

새벽부터 누군가와 함께 달려 본 것은 처음이었다. 새로운 경험을 할 수 있게 해 준 후배에게 고마운 마음이 들었다. 이후에는 서울숲도 함께 달렸다. 숨을 헉헉대며 함께 달리다 보니 작은 도전을 함께 이뤄 낸 기분이 들었고 왠지 더 끈끈한 사이가 된 것 같았다.

첫 달리기의 기억과 후배와의 추억이 있는 성동구를 떠나 이사를 하게 되었다. 아이들 학교와 동네 적응보다 '이사 가면 어디서 달리지?'라는 걱정이 더 컸다. 막상 이사를 와 보니 집 바로 앞이 둘레길로 잘 조성되어 있었다. 처음 달려보는 둘레길은 경사가 있어서 힘들었지만 자연스럽게 오르막 훈련이 되었다. 그뿐 아니라 집 가까이에 있는 안양천은 마라톤 대회가 열릴 정도로 달리기에 좋은 장소였다. 이곳에 이사 오고 난 후 나는 계속 달릴 운명이라는 생각이 들었다. 역세권만큼이나 매력적인 곳이 런세권 이다.

런세권으로 이사 온 이상, 나는 달리기에 더 열심을 낼 수밖에 없었다. 빠르게 전력 질주를 했다는 뜻이 아니다. 원래도 느린 속도로 달리지만 집 앞 둘레길은 오르막이 많아서 속도를 내기가 더 어려웠다. 둘레길은 사시사철 달라지는 풍경을 즐기고 풀 향기, 꽃 내음을 맡으며 달려 나갈 수 있는 곳이다. 데크길과 흙길, 계단이 골고루 섞여 있어서 달리기에 지루하지 않다. 둘레길을 달리며 나는 자연스럽게 더 천천히 달리게 되었다.

달리기라고 하면 힘들다는 이미지 때문에 쉽게 도전하지 못하는 사람들이 많다. 그러나 달리기도 소풍 가는 아이처럼 즐겁게 할 수 있다. 마라톤을 피크닉처럼 즐기는 것을 '마라닉'이라고 한다. 마라닉으로 달리면 몸과 마음에 부담이 덜하다. 달리기는 꼭 빨라야 하거나 힘들게 해야 하는 운동이 아니다.

걷기보다 조금 빠른 속도로 달리는 것을 존 2(Zone Two)운동이라고 한다. 존 2운동이란 '존 2' 구간의 심박수를 유지하는 운동을 뜻한다. 이때의 심박수는 자기 최대 심박수의 60~70 프로에 해당하는 정도이고 스마트 워치로 확인할 수 있다. 이런 과정이 복잡하다면 달리는 동안 숨이 차지 않게 노래를 부르는 속도라고 생각하면 된다. 빠르게 달리는 것보다 존 2의 심박수를 유지하며 달리는 것이 체중 감량에는 더 도움이 된다.

존 4~5 달리기 같은 고강도 운동은 식욕을 강하게 자극하여 과식으로 이어지기 쉽다. 그러나 상대적으로 존 2운동은 식욕을 덜 자극하여 균형 잡힌 식사를 유지하는 데도 도움이 된다. 이뿐 아니라 천천히 달리는 동안 스트레스 호르몬인 코르티솔의 수치는 낮아지고 행복 호르몬인 도파민과 세로토닌의 분비가 촉진된다. 운동 강도가 낮기에 신체에 부담이 덜 가면서도 하루 종일 활기 있게 보낼 수 있다.

빠르게 달리려고 하면 마음에 부담이 되고 내가 부족하게 느껴진다. 페이스를 오래 유지하기도 어렵다. 그러나 부하가 걸리지 않는 속도로 차분히 달려내면 충만한 느낌이 든다. 천천히 달리면 자신감과 성취감을 동시에 느낄 수 있다. 달리기도 인생도 속도를 늦추면 현재에 더 집중할 수 있다.

갑자기 영하로 기온이 떨어진 어느 날 새벽 달리기를 했다. 찬 공기에 섞인 나무 냄새와 풀 향기가 평소보다 더 잘 느껴졌다. 자연의 향이 이렇게나 좋았던가? 천연 디퓨저가 따로 없었다. 새벽에 나온 보람이 느껴졌다. 자연의 치유에너지를 한 모금 들이켜며 천천히 몸을 풀고 달려 보았다. 갑자기 추워져서일까? 평소에 비해 사람이 거의 없었지만 무서운 느낌보다는 고요함이 좋았다.

둘레길 한쪽 끝에 축구장이 있다. 키가 큰 나무들로 둘러싸여 있는 이 장소는 일출과 일몰 무렵에 특히 더 예쁘다. 축구장을 둘러싸고 있는 수풀을 비집고 들어가 철조망으로 손을 뻗어 사진을 찍었다. 동트기 전 새벽 풍경을 찍다 보니 어느새 해가 떠오르고 날이 밝아졌다. 돌아오는 길에는 아직 떨어지지 않은 붉은 단풍과 수북이 쌓인 낙엽도 사진에 담아보았다. 늦가을 달리기 이야기를 블로그에 올렸더니

다음과 같은 댓글이 달렸다.

"여전히 철조망에 손을 넣으시는군요. 활기가 넘칩니다. 좋은 에너지 나눠주셔서 감사해요." "함께 기분 좋아지는 글입니다." "행복이 전해졌어요. 에너지를 주셔서 감사합니다." "행복감 넘치는 글에 미소가 지어집니다.", "나루 님의 에너지가 느껴집니다. 저도 불쑥 나가고 싶어져요."

내 글에서 긍정의 에너지를 느꼈다는 댓글을 받으면 행복이 배로 늘어난 기분이 든다. 새벽 달리기 하나로 내가 특별한 사람이 되는 것 같다. 나에게 힘과 용기를 주는 이웃님들께 늘 감사하다.

우리는 모두 자신의 삶을 치열하게 살아가는 인생의 러너이다. 누구에게나 처음은 있다. 잘할 수 있을까 걱정하는 시간에 일단 첫발을 내밀고, 시작해 보자. 생각지도 못한 나의 잠재력을 발휘하게 될지도 모른다. 몇 킬로미터까지 달리게 될지, 얼마나 빨리 달릴 수 있을지는 중요하지 않다. 스스로의 한계를 미리 정하지 말자. 마음이 이끄는 대로 달리다 보면 생각보다 먼 곳까지 와 있는 나를 만나게 된다. 길 위에서 행복한 나를 발견하는 순간이 온다.

둘레길, 안양천, 청계천을 달리는 것도 좋지만 그냥 동네를 달리는 것도 충분히 좋다. 미세먼지 없는 맑은 날씨와 불어오는 바람에 감사하다. 바람을 가르며 달릴 때 몸이 앞으로 나아가듯 내 인생도 함께 나아간다. 뒤로 가는 달리기는 없듯 내 삶도 늘 전진이다. 운은 움직여야 생긴다. 가만히 있으면 아무 일도 일어나지 않는다. 달리기 덕분에 좋은 이웃님들을 많이 알게 되었고 꾸준히 글도 쓸 수 있었다. 달리기는 늘 나에게 좋은 운을 만들어 주었다. 오늘도 나는 행운 마일리지를 쌓기 위해 문밖을 나서본다.

그럼에도 불구하고 달린다

달리기만큼이나 걷기를 좋아하는 편이다. 달리기로 좋아진 체력 덕분에 걷기에도 탄력이 붙었다. 마음이 우울하거나 불안해질 때 혹은 갑자기 여유 시간이 생기면 부조건 밖으로 나가서 50분 정도를 걷는다. 걷다 보면 거짓말처럼 마음이 풀리고 좋은 생각도 떠오른다.

혼자도 걷지만 지인, 친구, 남편과도 함께 걷는다. 20년 지기 친구를 만나면 기본 2만 보를 걷는다. 마음이 맞는 사람과 대화하며 걸으면 '언제 이만큼 걸었지?' 싶을 정도의 걸음 수가 찍힌다. 걸음 수와 함께 우정도 쌓인다. 남산 둘레길, 한양 도성길, 청계천 등 서울에는 걷기 좋은 길이 참 많다.

요즘은 2만 보 이상을 걸어도 아무렇지 않다. 하프 거리를 달린 후에도 멀쩡한 체력이 길러졌고 전에는 숨이 차게 올랐던 계단도 아무렇지 않게 오른다. 남들이 힘들어하는 것을 쉽게 해내는 내 모습을 볼 때 다른 것에도 도전해 보고 싶은 자신감이 생긴다. 웬만한 거리는 걸어 다니고 습관처럼 계단을 올랐고, 꾸준히 달려서 체력을 쌓은 결과이다. 약 4년 전부터 달리기와 사랑에 빠졌던 나는 혹한의 겨울에도 무더운 여름에도 달리고 또 달렸다.

달리기 전에는 습관적으로 일기예보를 확인하지만, 큰 의미는 없다. 초미세먼지가 최악이거나 장대비가 쏟아지는 날씨를 제외하고는 달리고 싶을 때 그냥 달리러 나간다. 달리기를 하며 나는 날씨에 별로 개의치 않는 사람이 되었다.

매일 같은 시간과 같은 길을 달려도 질리지 않는 이유는 계절과 날씨가 늘 바뀌기 때문이다. 맑고 쾌청한 날의 달리기를 좋아하지만, 눈이나 비가 올 때, 바람이 부는 날에도 달릴 수는 있다. 각 계절과 날씨에 따라 느낄 수 있는 달리기의 매력도 다 다르다.

겨울 달리기의 추억이 많은 편이다. 2022년 1월의 러닝을 잊을 수가 없다. 2021년 가을에 달리기를 시작한 터라 런린이의 열정이 불타오를 때였다. 그해 겨울은 유난히 추웠다. 영하 10도는 기본인 날씨였기에 중무장을 하지 않으면 달릴 수가 없었다. 러닝에 푹 빠졌던 나는 옷을 몇 겹씩 껴입고 핫팩을 꼭 챙겨야 하는 그 준비조차 너무 재미있게 느껴졌다. 한겨울 새벽 강추위에도 청계천에는 늘 운동하는 사람들이 있었다. 덕분에 새벽 달리기가 외롭거나 무섭지 않았다.

같은 해 1월의 어느 날이었다. 그날은 새벽이 아닌 아침 달리기라 조금 방심했다. 핫팩도 없었고 중무장도 하지 않았는데 날씨가 무척 추웠다. 반환점을 돌아오는 길에 핸드폰은 방전되었고 카드도 없었다. 갑자기 몸이 많이 추워지면서 다리에 힘이 풀렸다. 배가 고파서 쓰러질 것 같았다.

몸에 힘이 없으니 걷는 속도도 나지 않았다. 5km가 이렇게 긴 거리였나 싶었다. 다행히 길에서 쓰러지지 않고 집까지 무사히 왔다. 집에 와서 몸을 꽁꽁 감싸고 있어도 온몸의 냉기는 사라지지 않았다. 태어나서 처음으로 저체온증을 경험했다. 뜨끈한 방에서 1시간을 자고 일어나니 그제서야 몸이 풀렸다. 이 스토리를 SNS에 올렸더니 이런 댓글이 달렸다.

"혹한기는 강철부대도 쉰다", "1월은 원래 달리기 방학이에요."

그 이후 추위에 무작정 맞서는 일은 하지 않는다. 그래도 나는 겨울 달리기를 사랑한다. 강추위에 몸은 뜨거워지고 머리는 맑고 시원해지는 것은 겨울이 아니면 느낄 수 없는 감각이다. 눈을 보며 달릴 수 있다는 것도 겨울 달리기 만의 멋이다.

유난히 눈이 많이 내렸던 2023년의 어느 겨울, 자고 일어나니 온 동네가 겨울 왕국이 되었다. 이런 날에는 집에 있기보다는 무조건 나가야 한다. 눈을 밟으며 달릴 기회가 흔하지 않기 때문이다. 얇은 레깅스 위에 트레이닝 복, 얇은 티, 조금 두꺼운 티셔츠와 가벼운 점퍼 차림으로 집을 나섰다. 비니와 장갑도 필수이고 방수 운동화가 있으면 더 좋다. 미끄러질 수 있으니 조심조심 달려야 한다.

동네를 달리다가 눈 내리는 청계천을 보고 싶은 마음에 무작정 5호선을 탔다. 그런데 광화문역에 내려서 광장에 나가자마자 다시 돌아가고 싶었다. 추워도 너무 추웠기 때문이다. 동네와는 다른 찬 바람이 불었다. 매서운 바람과 함께 눈물 콧물을 다 흘리면서 10km를 달렸다. 너무 추웠던 날씨라 길에는 개미 한 마리 없었지만, 간혹 나 같은 러너들을 마주쳤다. 예전 같았으면 빙판길이 무서워 집 밖으로 안 나왔을 텐데 달리기는 나를 다른 사람으로 만들었다.

혹한의 겨울 달리기가 끝나면 봄이 찾아온다. 안 그래도 싱숭생숭 들뜨는 계절인 봄이 오면 달리는 사람의 마음은 더 설렌다. 할 일을 미뤄두고 여기저기로 달려가고 싶은 마음을 잘 붙잡아야 한다. 겨우내 못 보았던 초록, 연둣빛을 마음껏 볼 수 있어서 더 반가운 마음이다.

밀려 있던 집안일을 하기로 생각했던 날, 하늘이 너무 예뻤다. 맑고 파란 하늘의 유혹을 거부하기가 어려웠다. 쌓여 있던 빨래를 뒤로한 채 집을 뛰쳐나왔다. 덕분에 다양한 봄꽃과 눈을 맞추고 라일락 향기를 맡으며 진정한 마라닉을 즐길 수 있었다. 노랗게 핀 황매화, 흰 구름과 파란 하늘, 꽃비 내리는 풍경을 내 마음과 사진에 담았다. 좋아하는 음악을 들으며 숲속을 달리니 힐링 여행을 하는 기분이 들었다. 순식간에 한 시간이 지나갔다. 산들바람과 내리쬐는 햇살이 좋은 봄날, 잠깐이라도 나가서 하늘과 자연을 만끽하는 것은 봄에 대한 예의를 갖추는 일이다.

2024년 여름에는 비가 정말 자주 내렸다. 계속 쏟아지는 장마가 아니라 오락가락하는 날들이 이어졌다. 맑아진 틈을 타서 어떻게든 달리기를 이어 나가지만 장마철 달리기는 만만치가 않다. 바로 높은 습도 때문이다. 가끔은 우산도 없이 '비가 오면 시원하게 맞아 보자'라는 마음으로 달리기도 한다. 여름철에는 조금만 달려도 땀이 비 오듯 쏟아진다. 안팎으로 호우 경보가 내린다. 이럴 때는 작정하고 땀을 흘리는 것도 나쁘지 않다. 땀을 흠뻑 흘리며 내 몸에 집중하는 순간이 참 좋다. 어느 한 순간 정점의 경험, 이 순간이 있기에 달리기는 더 매력적이다.

가을의 달리기는 상쾌함을 경험하기에 좋다. 사계절 중 마라톤 대회가 가장 많이 열리는 계절이기도 하다. 러너들의 땀방울이 결실을 거두는 계절이면서 달리기를 시작하기에도 좋은 때이다. 나도 가을에 달리기를 시작했다. 가을에는 한낮에 달려도 무리가 없다. 시원한 바람으로 땀을 식히며 편안하게 달릴 수 있다. 떨어지는 낙엽이 발아

래에서 사각사각 바스러진다. 햇살과 낙엽 속에서 달리는 기분은 꽤 낭만적이기도 하다.

맑은 날을 달릴 때는 몸과 마음이 붕붕 뜨는 것처럼 기분이 업될 때가 많다. 반면 흐린 날의 달리기는 차분한 마음으로 사색하기에 좋다. 나에게 더 집중하게 된다. 맑으면 맑은 대로, 비가 오면 오는 대로, 바람이 불면 부는 대로 모든 날의 달리기에는 그 나름의 의미가 있다.

달리기에 좋은 날씨란 없다. 달리기를 대하는 내 마음만 있을 뿐이다. 풍경을 보고 음악을 들으며 그냥 달려 보는 게 시작이 될 수도 있다. 더 멀리 가고 싶다면 나만의 페이스를 지켜야 한다. 나를 믿고 바라보는 여유도 필요하다. 숨이 차고 힘이 들 때 '내가 힘들어하고 있구나' 하고 바라보면 그 순간도 곧 지나간다. 또다시 풍경이 눈에 들어오고 음악 소리가 들려온다. 어느새 반환점을 돌고 달리기가 끝나 있다. 타인과의 경쟁보다는 나만의 방향과 페이스를 유지하며 그렇게 달려 보면 좋을 것이다.

내가 좋아지는 달리기, 뇌가 좋아지는 달리기

지난 해에는 연초부터 4월이 되기를 기다렸다. 벚꽃 명소인 안양천에서 러닝을 할 수 있다는 기대감 때문이었다. 걷기만 해도 환상적인 안양천 벚꽃 터널을 달린다면 더 좋을 거 같았다. 여유롭게 달리고 싶어서 봄맞이 집 안 정리도 미리 했다.

4월 8일 즈음 드디어 벚꽃이 피었다. 새벽부터 안양천에 도착해서 벚꽃 터널로 달려가 보았다. 걷는 사람들, 운동기구에서 운동하는 사람들, 아침 일찍 데이트를 나온 중년의 부부도 보였다. 그날 벚꽃 아래 모든 풍경은 무척이나 아름다워 보였고 벚꽃 비를 맞으며 달리는 내 모습도 영화 속 주인공처럼 느껴졌다.

평소 아웃사이더인 사람도 달릴 때는 주인공이 된다. 달리기는 처음부터 끝까지 나 혼자서 해내야 하는 운동이기 때문이다. 특히 장거리 달리기는 러닝 중 어떤 상황에 놓일지도 모른다는 점에서 인생과도 닮아있다. 어떤 일이 생길지 모르지만 달리기를 시작하면 언젠가는 끝이 난다. 러닝후의 좋은 느낌을 알고 있기에 힘들어도 그 과정을 즐길 수 있다.

달리기를 하던 도중 나에게 고맙다는 말을 한 적이 있다. 문득 내 안에서 나왔던 말에 살짝 울컥했다. 내 안에는 늘 나를 바라보는 또 다른 내가 있다. 글을 쓰거나 명상을 할 때도 조용히 나를 바라보게 되는데 오래 달릴 때도 그런 상태가 된다. 한 가지 행위를 반복적으로 하다 보면 뇌가 외부 자극으로부터 자유로워지는 디폴트 모드가 된다. 달리기를 하며 이런 명상 효과를 자주 경험한다. 매일을 일상처럼 달리는 것은 마음의 평정심을 유지하는 것에도 큰 도움이 된다.

우리가 원하는 삶과 목표, 그것을 이루기 위한 노력은 다른 사람의 감탄이나 인정을 얻기 위함일 때가 많다. "와~, 대박!" 말하는 이의 놀람이나 느낌을 나타내는 감탄사의 길이는 대체로 짧고 그만큼 쉽게 사라진다. 그걸 알면서도 우리는 남의 감탄과 인정을 얻기 위해 많은 시간과 노력 그리고 돈을 쓴다. 이런 인정 욕구는 성취의 동력이 되기도 한다. 그러나 인정 투쟁은 하면 할수록 더 나를 더 피폐하게 만든다. 남의 인정과 감탄을 구하는 대신 내가 나에게 감탄하고 나를 인정해 줄 필요가 있다.

꾸준히 달리면서 나를 더 인정하고 사랑하게 되었다.

"오늘도 이만큼이나 달렸구나! 수고가 많았어. 나 자신 정말 멋지
다!"

달리기 실력과 함께 셀프 칭찬과 감탄도 늘었다. 덕분에 타인으로
부터 인정받으려는 마음을 많이 내려놓을 수 있었다. 누군가가 나를
좋게 봐주는 것보다는 내가 나를 인정하고 존중하는 태도가 훨씬 더
중요하다. 스스로를 존중하게 되면 타인의 시선이 크게 신경 쓰이지
않는다.

꾸준히 운동할 때 인간은 매일 조금씩 성장한다고 느끼고 모든 것
을 이룰 수 있을 것 같은 자신감이 생긴다. 반면 내가 해낼 수 없을 것
같을 때 인간은 우울해진다. 좌절감을 느끼며 실패에 빠져있을 때,
매일 조금씩 늘려가는 운동의 느낌에 집중하는 것만으로도 문제를
해결할 수 있다. 해냈다는 성취감에 집중하게 되어 부정적인 감정이
줄어들기 때문이다. 꾸준한 운동으로 매일 작은 성공 경험을 하면 자
기 효능감과 자존감도 높아진다. 주부 번아웃이 찾아왔을 때 매일 조
금씩 달렸던 것이 우울감과 무기력을 해소하는 데 큰 도움이 되었다.

인간은 망각의 동물이다. 아무리 큰 성취감을 얻었다 해도 오래가
지 않는다. 당시에 느꼈던 감정은 금세 잊고 다시 일상으로 돌아오기

쉽다. 작은 성취감을 반복해서 느끼는 것이 목표를 이루는 것에는 더 중요하다.

러닝을 할 때도 단계적으로 거리와 시간을 늘려나가는 것이 좋다. 달리기가 처음이라면 1분 걷고 1분 달리기로 시작해도 성취감을 느낄 수 있다. 작은 목표를 정하고 달성하는 것만으로도 매일 성공한 기분을 느낄 수 있고 그 자신감으로 내일도, 모레도 달릴 수 있게 된다. 성공도 습관이다. 한 번 성공한 사람은 계속 성공한다. '근거 있는 자신감'이 쌓이기 때문이다.

달리기는 학습 능력이나 기억력에도 큰 영향을 미친다. 운동을 하면 해마에서 BDNF(뇌신경 성장인자)를 분비하고 이것은 뇌세포 사이의 연결을 강화 시킨다. 달리기는 BDNF를 분비하는 강력한 촉진제이고 이 호르몬은 오직 운동으로만 얻을 수 있다. BDNF는 시냅스 근처 저장소에 모여 있다가 운동으로 혈액순환이 빨라지면 나오기 시작한다. 달리기를 하면 더 강력하고 오래갈 수 있는 뇌세포가 만들어지기에 기억력이 좋아진다.

인체에서 학습과 기억을 담당하는 기관인 해마는 나이가 들면서 자연스럽게 노화되고 위축된다. 그러나 정기적으로 걸으면 해마가 강화되고 주 2회씩 조깅 하면 뇌가 자극되어 인지 작업 및 학습 능력이 좋아진다. 이뿐 아니라 달리기는 '전두엽'을 단련시킨다. 좋은 머리, 높은 집중력은 운동하는 습관으로 완성 시킬 수 있다.

SNS를 하다 보면 오운완 (오늘 운동 완료)과 오런완 (오늘 러닝 완료)같은 인증샷을 자주 볼 수 있다. 러닝 입문 전 내 옆을 지나가던 러너들의 표정은 고통 그 자체였는데 인증샷 속의 러너들은 모두 다 밝고 환하게 웃고 있다. 러닝의 고통 뒤에 진짜 행복과 기쁨이 숨어 있다는 것을 그때는 그 때는 알지 못했다.

평범한 일상에서는 하루에 한 번을 웃기가 어렵다. 웃을 일 보다는 근심, 걱정에 찌든 표정을 하거나 무표정으로 지내는 사람들이 대부분이다. 그러나 달리기를 하면 적어도 하루에 한 번은 승리의 미소를 지을 수 있다. 나도 달린 후에는 인증샷을 자주 남긴다. 사진 속의 나는 늘 발갛게 상기된 채 웃는 얼굴을 하고 있다. 러닝 후 감격스럽고 벅차오르는 기분은 뇌 호르몬의 영향 때문이다.

운동을 하면 행복을 느끼게 해 주는 도파민 외에도 집중력과 상상력을 높이는 아세틸콜린이 분비된다. 세로토닌도 활성화되며 약간 힘든 운동을 하면 '뇌 내 마약'이라고 불리는 엔도르핀도 나온다. '세로토닌'은 마음을 안정시켜 주고 스트레스를 완화하는 데 도움을 준다. 그렇기에 기분이 우울할 때는 걷거나 달리는 게 특효약이다.

오래 달리다 보면 고통이 쌓이는데 어느 시점에서는 기분이 매우 좋아지고 몸이 가벼워지는 상태인 러너스 하이를 느낄 때가 있다. 러너스 하이가 올 때는 다른 시공간에 와 있는 듯한 기분, 모든 걱정과 스트레스에서 벗어난 듯한 자유로운 상태가 된다. 달릴 때의 이런 감정은 외부의 자극으로부터 얻는 행복감이라기 보다는 내 안에서 나오는 순수한 기쁨을 느끼는 새로운 경험이다. 달리기는 단순한 신체운동을 넘어서는 그 무언가이다. 러너스 하이는 가장 고통스러운 상황에서 '뇌 내 마약'인 엔도르핀이 분비되어 고통은 줄어들고 행복감을 느끼는 것이다. 고통과 쾌락의 균형을 자동으로 맞추는 인체의 시스템이 정말 놀랍다.

장거리 달리기는 내가 주인공인 한 편의 드라마이다. 마라톤을 하면 평소에는 느낄 수 없었던 다양한 감정이 되살아난다. 달리기 전에는 살짝 긴장도 되지만 작은 기대와 설렘을 느낀다. 오래 달리면서 나를 바라볼 때는 자기 연민이 생긴다. 다리가 아파올 때는 괴롭기도 하지만 다 달린 후에는 솟아오르는 뿌듯함으로 행복해진다.

마라톤을 하며 다양한 감정을 겪는 나를 보는 것이 재미있다. 달리기로 인해 나는 더 많이 웃고 나를 칭찬하게 되었다. 일상에서의 뿌듯함과 성취감, 설렘을 더 자주 느끼게 되었다. 달리기 덕분에 나는 나를 더 좋아하게 되었다.

일상을 여행처럼

달리기를 시작하고부터는 굳이 특별한 장소로 떠나지 않아도 일상을 여행처럼 즐길 수 있게 되었다. 새벽에 달릴 때는 그런 기분을 더 자주 느낀다. 어느 주말 동네 조깅을 하는 날이었다. 그날따라 하늘이 참 맑았고 살랑거리는 바람의 느낌도 좋았다. 푸르른 나무들과 곳곳에 피어 있는 장미, 달리는 사람들, 모든 것이 한데 어우러진 아침 풍경을 보며 천천히 달려 보았다. 매일 보는 익숙했던 풍경이 새롭게 보였던 날이었다. 동네를 달렸을 뿐인데 마치 여행을 떠나온 것처럼 기분이 좋아질 수 있다는 것이 신기했다.

가끔 안양천 신정교에서 여의도까지 나 혼자 21km를 달린다. 양화공원 옆으로 나 있는 버드나무 길은 매우 이국적이다. 달리기에도 자전거를 타기에도 좋은 길이다. 커다란 버드나무 사이로 보이는 한강과 넓게 펼쳐진 잔디밭을 보면 세잔의 풍경화가 떠오른다. 양화 공원을 지나 국회의사당, 여의도 공원을 기점으로 출발지까지 다시 돌아오면 21km가 된다. 내가 셀프로 만든 하프 코스이다. 돌아오는 길에는 편의점에 잠깐 들른다. 에너지바와 이온 음료를 마시며 체력을 보충해 주면 좋다. 장거리도 내 속도대로 즐기며 마라닉으로 달리면 부담이 덜하다.

작년에는 처음으로 잠수교 달리기에 도전해 보았다. 잠수교는 달리는 차들, 러너들, 라이더들을 동시에 볼 수 있는 이색적이고 재미있는 곳이다. 유튜브 영상이나 뮤비를 찍는 사람도 종종 눈에 띈다. 한여름 새벽 5시에 집을 나섰다. 낯선 곳을 달린다고 생각하니 왠지 더 설레고 두근거렸다. 처음 가 보는 길인데 코스도 짜지 않고 그냥 출발이다. 날이 흐릴 것 같았는데 태양이 빼꼼 고개를 내민다. 한강대교 옆으로 떠오르는 해가 한강에 비추어 물결과 함께 일렁인다. 아름다운 풍경이 내 달리기를 응원해 주는 느낌이다.

계속 달리다 보니 중랑천 교에 도착이다. 과거에 자주 달렸던 청계천과 이어지는 곳이다. 아무도 아는 사람이 없는 길, 처음 가 보는 길에서 익숙한 지명이 나오니 반가움과 안도감이 들었다. 약 5km 지점 중랑천을 지나니 '서울숲' 표지판이 보였다. 해는 점점 중천으로 떠오르고 내 이마 위로는 굵은 땀방울이 뚝뚝 흘러내렸다. 10km 정도 지나니 힘은 들었지만 오히려 집중이 더 잘 되었다. 페이스도 더 빨라지고 안정을 찾는 느낌이었다. 계속 달리고 싶은 마음이 들었는데 체력적 한계가 느껴졌다. 발이 너무 아팠고 운동화 바닥이 뚫어질 것 같았다. 이날은 1시간 55분을 달려서 15km를 완주했다.

달리기를 할 때 종종 다른 러너들을 마주친다. 힘든 표정을 지으며 달려 나가는 사람들을 보면 동지애가 느껴진다. 러너들끼리는 서로 짧은 인사를 나누는 경우가 있다. 가끔은 나를 보며 "힘내요!"를 외쳐주는 사람을 만난다. 그럴 때는 나도 같이 "파이팅!"을 외친다. 조용히 엄지손가락을 들어 응원을 해 주는 사람을 만난 적도 있다.

몇 년 전까지만 해도 달리는 사람들을 보며 나는 다음과 같은 생각을 했다. '아유 왜 저렇게 힘들게 운동할까? 보는 내가 더 힘들어진다.' 그랬던 내가 이제는 블로그에 수시로 달리기 예찬론을 펼치는 것도 모자라 내 책에 이렇게 달리기 이야기를 쓰고 있다. 그만큼 달리기로 내 삶은 많이 달라졌다. 긍정심리학자들이 말하는 행복의 조건 중 하나는 '일상에서 작은 성취감을 반복적으로 경험하는 것'이라고 한다. 꾸준한 달리기로 작은 성취감을 지속적으로 맛보며 내 삶은 더 활기 있고 풍성해졌다.

새벽 공기를 맞을 때의 상쾌한 기분, 하루를 새롭게 맞이하는 그 느낌이 나를 계속 달리게 만든다. 바람결이 머리를 스치는 느낌과 끝낸 후의 성취감은 달리기만의 매력이다. 행복한 기분은 삶의 동기 부여가 되고 어떤 일을 해도 잘될 것 같은 느낌이 든다. 달리기의 맛에 빠지고 그 즐거움을 알게 되면 '내가 왜 이제야 달렸을까?'라는 후회를 할 지도 모른다.

달리면서 내 일상은 새로운 여행이 되었고 멀리 떠난 여행지는 한층 더 특별해졌다. 골목과 거리, 산책로는 모두 나의 러닝 코스가 된다. 달리기를 시작한 후로는 어디를 가든 가방에 운동화와 러닝 복을 따로 챙긴다. 여행지를 갔을 때 그곳을 직접 달려 보는 경험은 차를 타고 지나가며 눈으로만 풍경을 보는 것과는 차원이 다르다. 새로운 동네를 구석구석 달리면 살아있는 여행을 하는 느낌이 든다.

일상을 여행처럼 사는 방법으로 아침 달리기를 추천한다. 동트기 전 달리기는 하루를 상쾌하고 활기차게 시작하는 방법이기도 하다. 5분 정도로 시작해도 충분하다. 아침 달리기는 햇볕을 쐬는 것에 그 목적이 있다. 아침에 15분 정도 햇볕을 쏘여주면 잠이 깨는 데도 밤에 숙면을 하는 데도 큰 도움이 된다.

아침 일찍 달리면 좋은 점들은 다음과 같다. 첫째, '하루 종일 언제 운동할까?'라는 고민을 하지 않아도 된다. 오늘 할 운동을 내일로 미루지 않게 된다. 일어나자마자 운동을 했다는 성취감으로 뿌듯하게 시작할 수 있다. 둘째, 상쾌하고 개운한 기분으로 하루를 시작하게 된다. 하루의 시작인 아침이 그날 하루를 좌우한다. 가볍고 즐거운 마음으로 하루를 시작하기에는 아침 운동만 한 것이 없다. 셋째 공복 유산

소를 따로 하지 않아도 된다. 일어나자마자 배가 고플 때도 나는 그냥 달리러 나온다. 운동화를 신은 후 밖으로 나와서 걷거나 달리면 공복감도 잊혀진다. 아침에 운동을 하면 다이어트에도 도움이 된다.

일상을 여행처럼 설레게 살고 싶다면 지금 당장 현관 앞으로 가서 운동화 끈을 묶어보자. 한 발짝만 내밀어 보자. 당신도 가슴 뛰는 삶을 살 수 있다. 달리면 가슴은 무조건 뛴다. 달릴 때 느껴지는 빠르지만, 규칙적인 심장 박동은 나를 더 건강하고 설레는 삶으로 이끌어 준다. 일상의 달리기는 매일 새로운 태양이 뜨는 것처럼 매일 새로운 나를 만나게 해 준다.

제4장

매일 1시간 독서의 힘 : 내면이 풍요로워지는 시간

힘들지 않았다면 책을 읽었을까?

부모님은 한 때 서점을 운영하셨다. 그때의 나는 지금처럼 책을 좋아하지는 않았지만 돌이켜 보니 내 주위에는 늘 책이 있었다. 아빠는 '머릿속에 든 것은 누가 가져가지 않는다'라는 말씀도 자주 하셨다. 부모님 모두 평소에 책을 가까이하셨고 지금도 책을 좋아하신다. 지난 명절에는 엄마와 북카페에 다녀왔다. 엄마와 카페에서 책을 읽는 경험은 처음이었다. 내 앞에서 책을 읽는 엄마는 호기심 많은 소녀 같았다.

약 15년 전 나는 법륜스님의 책을 참 열심히도 읽었다. 《스님의 주례사》, 《엄마 수업》 등을 반복적으로 읽었던 기억이 난다. 책 속의 조언을 현실에 적용해 보면 도움이 될 때도 있지만 이론과 실제는 많이 다르다는 것도 알게 된다. 연애나 사랑을 책으로 배우면 안 되는 이유이다.

몇 권의 책을 읽은 것으로 내게 생긴 문제가 바로 해결되는 것은 아니다. 그러나 책 속에는 분명히 나 혼자서는 생각해 낼 수 없는 통찰과 혜안이 담겨 있다. 꾸준히 책을 읽으며 지혜를 구했던 시간 덕분에 내 삶의 모습은 조금씩 달라졌다. 내 인생은 더 나은 방향으로 변화되었다.

삶이 늘 비슷한 이유는 많은 결정을 습관적으로 내리기 때문이다. 인생을 바꾸고 싶다면 늘 하던 방식과는 다른 방향으로 생각하고 결정해야 한다. 지혜의 보고인 책 속에는 기존의 통념과는 반대되는 창의적인 생각이 무수히 많이 나온다. 그중 하나라도 내 삶에 적용한다면 작은 것부터 바꿔 나갈 수 있을 것이다.

내가 마주한 문제와 하나 되어 있을 때는 그에 대한 답을 찾기가 어렵다. 내가 서 있는 자리에서 한 발짝 뒤로 나오거나 위에서 아래를 내려다보듯 눈높이를 달리했을 때 또 다른 해결책이 보이는 법이다. 책을 읽은 후 내 현실을 보면 그전에는 보이지 않았던 부분이 보인다. 한 가지 문제에는 한 가지 정답만 있는 게 아니라는 것도 알게 된다. 좋은 책은 나의 관점을 넓혀주고 세상을 다르게 보는 시각을 열어준다.

앞길이 막막할 때 책을 읽는 것은 마음이 답답할 때 바닷가에 가거나 높은 산에 오르는 것과 비슷한 이유이다. 탁 트인 풍경을 바라보면 내가 했던 걱정과 힘들었던 일들을 잠시 잊을 수 있고 새로운 해결책이나 영감이 떠오르기도 한다. 특별한 걱정이 없더라도 드넓은 바다나 높은 산을 다녀온 후에는 좋은 에너지로 나를 채울 수 있다.

전망대에서 보는 풍경을 1층에서는 볼 수 없다. 눈앞에서 보면 엄청나게 큰 건물도 높은 곳에서 보면 레고 블록처럼 작게 보인다. 힘든 문제 앞에 놓여있다면 제3자의 눈으로 내 상황을 보거나 5년 후의 내가 되어 지금의 나를 바라보면 어떨까? 물리적 공간을 이동하는 것처럼 내 생각의 조망권을 바꿔 본다면 문제 해결에 도움이 될 것이다.

술과 게임에 의존하며 삶의 바닥까지 내려갔다가 약 1,000권의 책을 읽은 후 새로운 삶을 살게 된 지인이 있다. 그는 지금 독서를 통해 얻은 삶의 통찰을 한 권의 책으로 쓴 작가가 되었다. 죽고 싶을 만큼 힘들었던 상황이 때로는 삶의 전환점이 되기도 한다. 현재 아주 힘든 상황이라면 변화할 때가 되었다는 사인일지도 모른다. 바닥까지 내려갔다가 튀어 오르기 위해서는 내면의 힘이 필요하다. 나는 지속적인 독서를 통해 그런 힘을 기를 수 있다고 믿는다. 독서는 나를 믿게 해 주고 내 안의 가능성을 보여 주기 때문이다.

몽테스키외는 "한 시간의 독서로 떨쳐낼 수 없는 불안감은 없다." 라는 말을 했다. 나도 마음이 힘들고 불안할 때면 걸어서 서점이나 도서관에 간다. 혹은 카페에 가서 한 권의 책을 읽기도 한다. 독서에도 부익부, 빈익빈 현상이 나타난다. 책이 주는 유익함을 알고 깨달은 사람은 계속해서 더 많은 책을 읽게 된다. 그러나 깨달음의 경험이 없는 사람은 한두 권의 책으로 만족하거나 아예 읽지 않는다. 책에서 깨달음을 얻고 인생의 작은 부분이라도 변화시켜 본 사람은 책을 읽지 않는 것이 얼마나 손해인지 잘 알 것이다.

독서를 통해 달라진 부분 중 하나는 문제를 대하는 내 태도이다. 과거의 나는 힘든 일이 생길 때면 사람에게 많이 의지했었고 내가 해야 할 일도 외면하고는 했었다. 그러나 지금은 문제를 마주했을 때 포기하고 좌절하거나 도망가지 않는다. 오히려 내가 해야 할 일에 더 집중하며 해결책을 떠올려 본다.

마음이 심란할 때는 더 부지런히 청소하고 정리한다. 깨끗해진 집 안을 보고 만족감을 느낀다. 가족에게 더 정성껏 집밥을 해 주며 뿌듯함을 얻는다. 힘들 때는 내게 주어진 일들을 더 열심히 하면서 내 마음을 달래는 것도 좋은 방법이다. 마음이 무거울 때는 오히려 독서, 운동, 글쓰기 루틴을 더 충실히 하려고 한다. 사소한 것이라도 내 힘으로 해내면 내가 선택한 방향으로 일상을 이끌어갈 수 있다는 생각이 들기 때문이다. 힘든 순간에도 내가 무언가를 선택할 수 있음을 잊지 말아야 한다.

힘든 상황에 놓인 것은 절박한 마음으로 책을 읽을 수 있는 좋은 기회이다. 중요한 문제일수록 쉽고 빠른 방법으로 해결하면 부작용이 생긴다. 정말 변하고 싶다면 근본적인 원인을 알고 뿌리까지 뽑아야 겠다는 각오가 필요하다. 나는 근본적인 문제 해결과 자아 확장의 도구로 독서를 택했다. 나를 변화시켜 줄 책을 적극적으로 찾았고 어떤 책들은 내게로 오기도 했다. 막막했던 길에 한 줄기 빛이 되어줄 수 있는 책과의 만남은 인생이 바뀌는 시작점이 되기도 한다.

문제에 부딪혔을 때 더 이상 도망가지 말자. 상황에 나를 내맡긴 채 나를 끌어내리는 생각에 지지 말자. 위기를 마주했다면 책에서 그 해답을 구해 보자. 책 속의 지혜는 늘 나를 기다리고 있다. 수많은 지혜를 외면하지 않기를, 나 그리고 당신에게 필요한 해답과 만나기를 기대해 본다.

내 인생의 멘토를 만나는 시간

딸들에게 멘토 같은 엄마가 되고 싶다. 아이들이 힘들 때 조언과 지혜를 구할 수 있는 사람이 되기 위해 더 꾸준히 책을 읽고 있다. 한 권의 책처럼 나에게 동기부여를 해 주고 내가 닮고 싶은 사람을 멘토라고 부른다. 유튜브 영상이나 책, 혹은 그 밖의 다양한 경로를 통해서도 우리는 멘토를 만날 수 있다. 이 책을 쓰기 전 나는 운이 좋게도 두 분의 멘토를 알게 되었다.

그중 한 분은 블로그 이웃으로 알게 된 허지영 작가님이다. 2023년 12월 31일 그분의 책인 《삶이 글이 되는 순간》을 읽었다. 가독성이 좋으면서도 깊이가 있는 책이었다. 밑줄을 긋고 메모를 하며 책을 읽다 보니 작가님과 대화를 나누는 듯한 기분이 들었다. 외로움과 고독을 벗 삼아 책을 읽고 끊임없이 책을 쓴다는 내용이 인상적이었다. 책과 글에 대한 진심과 열정이 느껴졌다. 책을 다 읽고 나니 나도 더 깊이 있는 독서와 글쓰기를 해 보고 싶어졌다.

그때만 해도 내가 허지영 작가님께 코칭을 받고 책을 쓰게 될 줄은 몰랐다. 우연한 계기로 작가님의 책 쓰기 코칭을 받게 되었다. 전화 상담을 하기 전 내 롤 모델이라고 생각했던 분과 대화를 앞두니 살짝 긴장이 되었지만 통화를 하며 마음이 편안해졌다. 사진 속 작가님은 차도녀 같은 이미지였지만 대화를 해 보니 마음이 따뜻한 분이었다. 책 쓰기 코칭을 받는 내내 나에게 많은 격려와 응원을 아끼지 않으셨다. 책을 쓸 때는 멘탈이 무척 중요한데 첫 책을 혼자 썼다면 중도 포기했을 지도 모른다. 작가님 덕분에 한 권의 책을 무사히 완성할 수 있었다.

두 번째 멘토와의 만남은 사연이 길다. 약 7년 전 우리 가족은 한국 인뿐 아니라 외국인 자체가 거의 없었던 독일 마을에 살게 되었다. 그곳에서 우연히 20년째 독일에 살고 있던 K 언니를 알게 되었다. 언니는 우스갯소리로 우리 집의 '집사'라는 말도 하며 물심양면으로 우리 가족의 독일 정착을 도와주었다. 언니를 만나지 못했다면 그곳에서의 적응이 매우 어려웠을 것이다. 한국으로 귀국한 후에도 언니와의 인연은 계속 이어졌다.

작년에 언니의 어머니께서는 《집 나간 할머니 사정수》라는 책을 출간하셨다. 사정수 작가님은 나처럼 평범한 주부로 지내며 세 아이를 키우신 분이다. 자식들을 다 키우고 60세부터 해외여행을 다니셨다고 한다. 아프리카에 텐트를 치고 숙박하는 노마드 여행, 험한 산을 등반하는 트레킹 등 젊은 사람에게도 모험이 되는 여행 이야기를 듣고 그 용기에 많이 놀랐다.

2024년 가을, 합정역 어느 카페에서 작가님의 북토크가 열렸다. 일가친척들이 많이 참석하다 보니 가족 모임 같은 분위기가 느껴졌다.

"거대한 바위처럼 보였던 엄마가 어느새 조약돌이 되어버린 것 같아요. 흑흑"

K 언니의 이야기로 북토크가 시작되었다. 언니의 울먹임에 내 눈시울도 붉어졌다. 북토크 사회자가 책 제목에 관한 질문을 했다.

"왜 책 제목이 집 나간 할머니인가요?"

"결혼 후 집에만 있으면 아무도 내 이름을 불러 주지 않는다. 그러나 밖을 나가면 하다못해 병원에만 가도 OOO 님 하는 내 이름을 들을 수 있기에 나는 집에 있지 않고 자꾸 밖으로 나갔다."

그렇게 집 밖을 나가던 할머니는 인도, 아프리카, 남미 등 수많은 나라를 여행하시며 기록을 남겼다. 현재 70대의 나이에도 영어 공부, 탁구, 맨발 걷기, DMZ 종주 등 젊은 사람보다 더 도전을 즐기신다. 지금도 작가님 댁의 냉장고에는 버킷리스트가 붙어 있다.

한 시간의 북토크는 기대 이상의 감동이었다. 독일에서 K 언니를 만난 것, 계속 인연이 이어진 것, 이곳에 와서 이렇게 감명 깊은 도전의 이야기를 듣게 된 것 등 모든 순간이 한 편의 파노라마처럼 이어졌다.

북토크 중 작가님은 "어떤 일을 하고 싶을 때 망설이지 말라"고 말씀하셨다. 하고 싶은 일이 있어도 두려움에 자주 망설이는 나에게 해주시는 이야기 같았다.

늘 하던 일을 하고 가던 장소를 가고 만나던 사람만을 만나면 삶은 바뀌지 않는다. 인간, 시간, 공간 중 어느 하나라도 바뀌었을 때 연쇄적인 변화가 일어난다. 작가님이 먼 나라로 여행을 떠났던 이유도 그 때문이 아닐까? 할머니는 떠나고 싶을 때 마음의 소리를 듣고 두려움 없이 행동했다. '간절히 원하는 일'이 있다는 것과 '절박한 상황에 놓이게 되는 것'은 인생에 터닝포인트가 될 수 있다.

2년간 약 200권 정도의 책을 읽고 리뷰를 썼다. 리뷰를 쓰기 시작한 6개월 정도는 거의 매일 도서관에 다녔다. 그때 가장 많이 읽은 책이 자기 계발서이다. 다양한 사람들의 각기 다른 성공 스토리가 흥미롭게 느껴졌기 때문이다.

우리 뇌에는 누군가의 행동을 보기만 해도 내가 직접 하는 것과 비슷한 반응을 일으키는 거울 뉴런이 있다. 그 덕분에 나와 비슷한 환경에서 인생을 변화시킨 사람의 이야기를 읽기만 해도 내가 할 수 있을 것 같은 생각이 드는 것이다. 책을 읽고 행동으로 옮겨지지 않을 때는 자괴감이 들지만 그래도 책은 꾸준히 읽는 것이 좋다.

나의 변화와 성장에 따라 같은 책의 내용도 다르게 다가온다. 어떤 책 앞에서 나는 겸손해지고 배우는 사람의 자세가 된다. 자주 읽게 되는 책의 익숙한 내용은 친구처럼 나를 이끌어 주고 읽을 때마다 다른 감동으로 다가온다. 책은 내 멘토이자 친구이다.

책과도 인연이 있다. 아무리 훌륭하고 좋은 책이라도 나에게 안 맞을 수 있다. 혹은 내가 아직 그 책을 읽을 준비가 안 된 경우도 있다. 내 의식이 변하고 성장하면 내가 읽는 책도 달라진다. 사람도 비슷하다. 내 주위에 내가 존경하고 좋아하는 사람이 생긴다는 것은 나도 그렇게 좋은 사람이 되어가고 있다는 증거가 아닐까? 이 책을 쓰기 전 두 분의 멘토를 만난 것은 우연이 아니라는 생각이 든다. 나도 누군가의 꿈을 이루기 위한 동기부여를 해 주는 멘토가 되고 싶은 바람 있다. 혹은 내 책이 단 사람에게라도 그런 길잡이가 되기를 바래본다.

내 속도대로 자유롭게 읽기

얼마 전 남편과 딸은 다음과 같은 대화를 나누었다.

아빠: "○○아, 아빠는 니가 있어서 살아, 너는 어때?"
딸: "나는 그냥 살아있으니까 살아."

웃어야 할지 울어야 할지 모르겠는 초등학교 5학년 딸의 대답이었
다. 나도 살아있으니 사는 것은 맞지만 이왕 사는 것 설렘을 느끼며
재미있게 살고 싶다. 의미 있는 삶도 중요하지만, 재미와 즐거움도 빠
질 수 없는 삶의 요소이다. '의미'로만 가득한 삶은 너무 무겁고 '재미'
로만 가득한 삶은 허무함이 남을 것이다. '의미'와 '재미'가 적절한 비

율로 섞였을 때 인생은 살 만한 게 아닐까? 둘 중 우선순위를 정해 보자면 '의미'보다는 '재미'가 먼저이다. 즐거워야 지속할 수 있기 때문이다. 책을 읽고 글을 쓸 수 있는 내 삶이 좋다. 독서와 글쓰기로 '의미'와 '재미'를 모두 충족시킬 수 있기 때문이다.

오프라 윈프리의 《내가 확실히 아는 것들》처럼 깊은 감수성을 깨워주거나, 영혼의 갈증을 해소시켜 주는 책을 좋아한다. 알 듯 말 듯 한 번에 이해되지 않지만 계속 읽고 싶어지는 책, 읽을 때마다 새로운 깨달음을 주고 내 세계관을 확장 시켜 주는 책도 좋다. 이하영 님의 《더 바이브》와 바딤 젤란드의 《리얼리티 트랜서핑》이 내게는 그런 책이다. 새로운 깨달음은 나를 흥분시키고 반복되는 깨달음은 나를 깊어지게 한다.

'의미'와 '재미', '내가 좋아하는 것'의 교집합이 많은 삶을 살고 싶다. 교집합 속의 그 무엇은 내 영혼이 기쁨을 느끼고 시간 가는 줄 모를 만큼 몰입하게 되는 일이다. 달릴 때, 글을 쓸 때, 책을 읽을 때 그런 경험을 자주 한다. 책을 쓰는 요즘은 새벽에 스터디 카페에 온 것 같은데 어느새 밤이 되어 있는, 그런 하루하루를 살고 있다. 내가 원했던 한 가지에 몰입할 수 있는 일상에 감사한다.

결혼 후 육아를 하며 자존감이 많이 낮아졌었다. 아이들을 키우느라 9년의 세월이 훌쩍 지나갔는데 벌써 내 품을 떠날 준비를 하는 아이들을 보면 허탈감이 들기도 한다. 살림을 하는 내 모습이 싫었고 아이들을 돌보는 일도 나 혼자만 힘들게 하는 것 같은 억울함이 있었다. 쳇바퀴 돌듯 살아가던 일상에서 내 자존감을 지키고 자신감을 찾기는 어려웠다. 내 삶에서 어떤 의미와 재미도 찾을 수 없는 부분이 나를 힘들게 했다.

그 시기에 우연히 읽게 되었던 책은 사막의 오아시스 같았다. 책을 읽을 때는 다른 삶을 꿈꿀 수 있었기 때문이다. 내가 살 수 없는 다양한 삶을 상상할 수 있었기에 책을 읽으며 해방감을 느꼈다. 책을 읽을 때 나는 멋진 사람, 좋은 사람이 되는 기분이 든다.

책을 읽을 때 새로운 것을 알고 깨달아 가는 것, 재미있는 부분을 읽으며 크게 웃을 수 있는 것, 때로는 나와 같은 이야기에 눈물짓는 것, 나 자신을 돌아보게 하는 것, 새로운 꿈과 목표를 떠올리게 하는 것, 작게라도 나를 움직여 좋은 방향으로 변화되게 하는 것이 내가 책을 좋아하는 이유이다.

책은 꼭 처음부터 끝까지 차례대로 읽지 않아도 괜찮다. 과거에는 이런 부분에서 자유롭지 못했다. 책을 끝까지 다 읽고 전체적인 리뷰를 써야 마음이 편할 때도 있었지만 지금은 아니다. 의무감으로 책을 읽는 것은 책과 멀어지는 길이다. 재미없는 부분은 뛰어넘고 읽고 싶은 부분을 먼저 읽어도 괜찮다.

독서가 습관이 되기 전까지는 '재미를 유지하는 것'에 중점을 두면 좋을 것이다. 책 읽는 방법에 정답은 없다. 원하는 책을 나만의 속도와 방법으로 자유롭게 읽으면 된다. 그래야 지치지 않고 꾸준히 읽을 수 있다. 나와 맞는 독서법은 따로 있다. 쪽수를 정하고 의무적으로 읽는 것이 내게는 잘 맞지 않았다. 많은 책을 빨리 읽으려는 마음도 독서에 큰 도움이 되지 않는다. 책을 읽을 때마저 남과 비교할 필요는 없다. 빠르게 읽어야 할 책도 있지만 천천히 음미하며 읽어야 할 책도 있다.

얼마 전 온라인 독서 모임에서 《데미안》을 읽은 느낌을 함께 나누었다. 모임의 멤버는 평소 블로그 글로 소통했던 사람들이다. 독서 모임의 시간 동안 우리는 각자의 꿈과 소망 그리고 내면의 이야기를 공유했다. 모임에 참여했던 사람들 모두는 서로의 이야기에 진심으로 귀를 기울였다. 책과 글로 함께 하는 소통하는 사람들 덕분에 어렵고 막막한 길도 더 즐겁게 가게 된다.

독서 모임의 논제 중 '내 인생의 데미안은 누구인가?'를 듣고 나의 데미안을 떠올려 보았다. 돌아보니 힘이 들 때마다 내게는 늘 데미안 같은 존재가 옆에 있었다. 혼자라고 느꼈을 때도 나는 혼자가 아니었다. 어떤 형태로든 내 곁에는 나를 응원하고 지지해 주는 누군가 혹은 무언가가 있었다. 그것은 책 속의 글귀로, 무의식이 들려주었던 말로, 아름다운 음악의 선율로, 영화나 드라마 속 메시지로 혹은 귀인의 모습으로 나타나기도 했었다.

인생은 내 영혼의 아름다움을 찾기 위한 과정이다. '순수한 나'로 태어났지만 사는 동안 나를 잊게 되고 다시 본래의 '나'를 찾게 되는 과정, 그것이 인생이다. 그런 과정의 동반자로 나는 책을 택했다. 책을 읽고 글을 쓰며 나만의 소신과 철학, 가치를 만들어 간다. 삶의 태도에서 경직됨보다는 유연함을 추구하지만, 나만의 소신과 철학은 꼭 필요하다. 책과 사랑에 빠지고 치열하게 글을 쓰며 내가 바라는 내 모습에 더 가까워지는 느낌이다. 나의 한계를 받아들이고 내 부족함을 인정하면서 한 걸음씩 나아가는 여정이 좋다.

2년 전 여름, 우연히 들리게 된 장소에서 '이보다 더 완벽할 수 없는' 시간을 보냈다. 주말 아침 남산에 올라갔다가 내려오는 길이었다. 커피를 마시며 쉴 곳을 찾다가 마음에 드는 노천카페를 발견했다. 청계천을 바라 보고 앉을 수 있는 작은 테이블에 자리를 잡은 후 아이스 아메리카노와 레몬 치즈 케이크를 주문하고 책을 펼쳤다.

때마침 챙겨 간 달리기 에세이집이 그날의 날씨와 참 잘 어울렸다. 살랑이는 바람을 느끼며 책을 읽는 맛이 참 좋았다. 시간이 어떻게 흘렀는지 모를 정도로 몰입하며 그 시간을 즐겼다. 햇살과 바람이 좋은 날에는 책 한 권을 손에 들고 야외카페로 가 보라. 그리고 읽어보라! 내 속도대로 자유롭게! 나 자신이 꽤 괜찮은 사람으로 느껴질 것이다.

힐링과 성장 두 마리 토끼를 잡는 법

사람은 성장할 때 행복하다고 한다. 성장은 나의 잠재력을 깨우는 일이다. 좋아하고 재미있어하는 일을 발견하면 나의 잠재력을 깨울 수 있다. 이미 그런 일을 하고 있다면 지금보다 한 단계 더 높은 과제에 도전해 보자.

달리기를 한다면 거리를 조금씩 늘려보거나 단축 마라톤 완주라는 목표를 정했을 때 한 단계 더 점프할 수 있다. 글을 쓰고 있다면 한 편에서 두 편으로 쓰기의 양을 늘려보면 좋을 것이다. 글쓰기로 더 성장하고 싶은 사람이 있다면 '책 쓰기'를 추천해 보고 싶다. 책을 쓰면서 나의 한계를 느끼는 만큼 더 크게 성장할 수 있기 때문이다.

책을 쓰다 보니 더 다양한 경험을 하고 싶고 더 많은 책을 읽고 싶어진다. 더 나은 내가 되고 싶은 욕구가 샘솟는다. 쓰기 위해서는 읽어야 하지만 100권을 읽는 것보다는 한 권의 책을 써 보는 것이 훨씬 더 나를 성장시킨다. 오랜 시간 동안 쓰면서 계속 나의 한계를 넘어야 하는 책 쓰기는 최고의 자기 계발이다.

책을 읽는 것은 영상을 보는 것에 비해 귀찮은 일이다. 자리에 앉아서 손으로 잡고 페이지를 넘겨야 한다. 뇌를 쓰며 생각도 해야 한다. 시간도 오래 걸린다. 이처럼 독서는 효율이 좋은 행위가 아니지만 느리게 쌓아 올린 시간과 수고는 나를 배신하지 않는다. 답답한 과정을 견디고 꾸준히 책을 읽다 보면 내 안에 긍정의 에너지가 쌓이고 그것이 나를 지켜준다.

책을 읽는 것이 누가 보기에는 정말 재미없어 보이겠지만 독서의 맛을 알게 되면 쇼핑, 영화, 맛집 같은 자극이 없이도 즐거울 수 있다. 맛있는 음식도 계속 먹으면 질리고 쇼핑으로 얻는 기쁨에는 한계가 있다. 그러나 책은 아무리 많이 읽어도 내성이 생기지 않는다. 심심하거나 허전할 때 산책하고 싶을 때 자연스럽게 서점이나 도서관으로 발길이 향한다. 많은 책을 보기만 해도 마음에 위로가 되고 충만해진다.

책을 읽는 사람만이 느낄 수 있는 기쁨과 즐거움의 맛이 있다. 그것은 돈을 준다고 살 수 있는 것이 아니다. 오직 책의 맛을 느껴 본 사람만이 누릴 수 있는 특권이고 축복이다. 집에서, 도서관에서, 지하철에서도 책만 있으면 언제든 그 특권을 누릴 수 있다. 깨달음의 맛, 감동의 맛, 교훈의 맛, 재미의 맛, 위로의 맛, 생각할 수 있는 맛, 더 알고 싶어지는 그런 맛 등 책의 주는 기쁨의 맛은 생각보다 다채롭다.

마음에 드는 책은 여러 번 반복 해서 읽는다. 좋아하는 책은 기본 세 번 이상 읽게 되고, 어떤 책은 꾸준히 주기적으로 읽는다. 처음 읽을 때는 마음에 드는 구절에 형광펜을 긋고 더 마음에 드는 부분은 페이지를 접는다. 두 번째 읽을 때는 표시해 놓은 부분 위주로 조금 더 빠르게 읽고 세 번째부터는 수시로 원하는 부분만을 읽는다. 읽을 때마다 새로운 부분이 다시 들어오고 다른 깨달음 생기는 것이 재독의 묘미이다.

몇 개월 전부터 고전을 읽기 시작했다. 최근에 《데미안》을 인상 깊게 읽었다. 내면 변화의 자세한 묘사가 내 마음을 사로잡았다. 자아 성찰을 하게 만드는 수많은 글귀들이 나를 자꾸 멈추게 했다. 비문학보다 문학이나 고전을 읽고 싶어질 때가 있다. 고전을 어렵다고만 생각했는데 막상 읽다 보니 비문학에서는 얻을 수 없는 깊은 지혜와 통찰, 영혼을 울리는 메시지에 큰 영감을 받게 된다.

2주에 한 번 정도는 서점에 간다. 책을 고를 때 결정 장애에 빠지지만 나름의 구매 기준이 있다. 오디오북으로 들어봤을 때 좋았던 책, 책을 많이 읽는 이웃님들이 추천한 책, 좋아하는 작가님이 쓴 책을 사면 거의 후회가 없다. 책을 고르는 일부터가 독서의 시작이다. 서점이

나 도서관에서 책을 자주 펼쳐봐야 내게 맞는 책도 고를 수 있다.

좋아하는 책, 원하는 책을 고르는 일은 생각보다 어렵지만 재미있다. 내가 고른 책으로 나도 몰랐던 내 취향과 욕구를 알 수 있기 때문이다. 나는 인간의 심리, 감정, 영성을 다룬 책을 자주 고르게 된다. 책을 읽으며 내 마음과 감정을 들여다보고 깊이 생각할 때 마음의 위안을 얻고 치유를 받기 때문이다.

누구에게나 마음의 깊은 위로가 필요할 때가 있다. 책 속 언어는 한 가닥의 실처럼 그것이 필요한 사람에게 연결된다. 책을 읽으며 내 안의 상실감, 열등감, 낮은 자존감, 깊은 슬픔과 마주했다. 씩씩하고 강한 사람으로 살아가고 싶었는데 그게 아닌 내 모습을 보는 것이 많이 힘들었다.무너져 내렸다가 다시 일어서기를 자주 반복했다. 그 과정에서 내가 어쩔 수 없는 부분은 내려놓고 나에게 더 솔직해져야겠다는 깨달음이 생겼다. 힘든 데도 강한 척, 괜찮은 척, 밝은 척하는 것을 그만두기로 했다.

낯을 가리지만 사람을 좋아하는 편이다. 사람으로 인해 상처도 받지만, 또 다른 사람으로 인해 치유를 받고 살아갈 힘을 얻는다. 사람에게 진심이기에 타인의 이야기를 잘 경청하고 배려한다. 노력하지 않아도 자연스레 되는 부분이다. 문제는 가끔 내가 상처를 받으면서까지 이런 행동을 한다는 것이다. 그렇게 상처받은 내 마음은 아무도 알아주지 않는데 말이다.

나를 잃으면서까지 지켜야 할 관계는 없다. 사람과의 관계보다는 내 마음을 지키고 단단하게 하는 우선이다. 마음이 약해지고 힘들 때는 책을 더 많이 읽게 된다. 책을 읽으며 나 혼자만 이런 생각을 하거나 힘든 것이 아니라는 위안과 위로를 느낄 수 있기 때문이다. 때에 맞는 지혜와 나를 지키는 방법도 책을 통해 배울 수 있다.

'지금 힘들다면 당신은 잘 하고 있는 것이다.'라고 책은 나에게 말해준다. 지금과 다르게 살기 위해 애쓰고 있다면 힘든 것이 당연하다. 무언가를 더 잘 하려고 할수록 더 어긋나고 삐그덕거리기도 한다. 가끔은 아무 일이 없을 때도 불안을 느낀다. '내가 잘 살고 있는 건가? 글을 이렇게 써도 되는 걸까? 책은 이렇게 읽는 게 맞는 거지? 달리기는 이 정도 하면 되는 거야?' 온갖 의문이 들 때가 있다.

끝없는 자기 의심은 나를 불안하게 한다. 하루를 살면서 기분 좋은 순간이 있는 만큼 불안한 기분도 자주 느낀다. 그런 불안과 자기 의심은 성장하고 싶은 사람이라면 계속 마주할 수밖에 없는 감정이다. 그때 불안을 받아들이고 인정하면 그 감정은 나를 스쳐 지나간다. 불안을 떠나보내고 나를 텅 비웠을 때 그 자리에 다른 감정이나 좋은 느낌이 들어올 수 있다.

외롭고 불안할 때 책은 더 좋은 친구가 되어준다. 내 아픔에 공감해주고 스스로 길을 찾을 수 있도록 삶의 이정표가 되어준다. 인생이라는 망망대해를 항해할 때 책은 나에게 나침반과 같은 역할을 한다. 도서관과 서점에 꽂혀있는 수많은 책 사이를 거니는 것, 무엇을 읽을지 고민하며 책을 고를 때의 조용한 설렘이 좋다. 책은 잠시나마 나를 다른 존재로 살게 해 준다. 책을 통해 또 다른 나의 내면으로 여행을 떠날 수 있다. 그 여행에서 돌아오면 다시 현실의 내 일상을 돌아보게 되고 작은 변화를 일으키게 된다.

우연히 고른 책에서 지금 내 상황에 딱 맞는 메시지를 발견하는 경험을 종종 한다. '어떻게 내 마음을 알았지?' 정말 놀라는 경우도 있다. 그런 이유로 책을 더 사랑하게 된다. 마음이 외로울 때는 서점에 가 보자. 어떤 책이 나를 기다리고 있을지 모른다. 어떤 메시지에 위로를 받게 될지 모른다.

책이 있기에 혼자 있어도 외롭지 않다. 책은 내가 손만 뻗으면 언제든 만날 수 있는 좋은 친구 같은 존재이다. 힐링과 성장을 동시에 할 수 있는 책 읽기가 좋다. 서두르지 않고 천천히 나만의 조용한 행복을 만들기 위해 오늘도 책장을 넘겨본다.

남에게 보여 주기 위해 인생을 낭비하지 말자

내가 지금 잘살고 있는 건지 확신이 들지 않을 때 우리는 주위 사람과 나를 비교하며 확인하려 한다. 삶의 기준은 사람마다 다를 텐데 남들처럼 살지 않으면 불안해진다. '다른 사람에 비해 뒤처지는 것은 아닌가?' 조급한 마음이 들 때도 있다.

부모가 되면 이런 불안함을 아이에게 투사한다. 한글도 떼기 전에 영어 유치원에 보내고, 군중심리에 떠밀려 여러 학원에 보낸다. 물론 나의 소신껏 학원을 보내거나 사교육을 시키는 사람도 있겠지만 주위에서 그런 사람을 찾아보기는 어렵다.

아이가 스스로 공부에 몰입할 수 있게 하려면 자율성을 키워줘야 한다. 같은 일이라도 스스로 선택했을 때 인간은 흥미를 느낀다. 공부도 마찬가지이다. 누군가에 의한 '의무'와 '압박'을 느끼며 하는 공부가 즐거울 리 없다. 자녀가 공부 잘하기를 원한다면 스스로 '결정'하게 해야 한다. 자기가 인생의 주인공이라는 느낌이 들 수 있도록 선택권을 주어야 한다.

아빠를 기쁘게 하려고, 엄마에게 야단맞지 않기 위해 공부하는 자녀가 과연 행복할 수 있을까? 아이를 사랑한다면 스스로 계획을 세우고 삶의 의미와 재미를 찾을 수 있도록 도와줘야 한다. 그저 믿고 바라봐 주면 아이는 깜냥껏 자기 일을 잘 해낸다. 잘 해내지 못하더라도 기다려 줘야 한다.

부모의 역할은 아이가 최선의 선택을 할 수 있도록 좋은 환경을 만들어 주는 것이다. 나무처럼 기댈 수 있는 기둥과 그늘로 든든하게 아이 곁을 지켜주는 것이다. 믿고 응원해 주면 아이는 더 잘 자란다. 아이의 성적, 대학 진학을 나의 체면과 연관 짓지 말자. 지인이나 친구의 자녀와 비교하지도 말자.

누구나 부러워할 것 같은 삶보다 나만의 기준으로 행복을 만드는 삶을 살고 싶다. 수많은 일을 해내며 많은 사람을 만나고 바쁘게 사는 것만이 성공적인 삶은 아니다. 바쁠수록 더 자신과 마주하는 시간을 가져야 한다. 외로워야 성찰이 가능하다. 고독에 익숙해졌을 때 타인과의 진정한 상호작용을 할 수 있다. 혼자 있는 고독의 시간이 힘들다고 느낄 때가 있지만 그 시간을 견뎌낸 만큼 삶의 내공이 쌓인다.

좋은 것을 더하는 것보다 해로운 것을 하지 않는 디톡스가 더 필요한 세상이다. 인간관계, 세상의 시끄러운 소리들, 수시로 보게 되는 SNS로부터 멀어지는 시간이 꼭 필요하다. '나'의 본질에 관심을 가지고 집중하는 시간이 쌓일수록 혼자 있어도 외롭다는 생각은 잘 들지 않는다. 외롭고 공허한 이유는 '나'를 충만하게 채워주는 것이 무엇인지 모르기 때문이다.

과거의 나는 평범하고 무난한 학창 시절을 보냈다. 대학 졸업 후에는 초등학교 교사가 되었고 나의 직업은 무의식중에 나의 자존감을 높여줬던 그 무엇이었다. 결혼 후 세 아이를 낳고 퇴직을 함과 동시에 나를 지켜주었던 타이틀도 사라졌다. 직업란에 주부라고 쓰는 것이 어색하고 마음에 들지 않았다. 퇴직 후 찾아온 번 아웃과 남편과의 갈등 상황으로 오랫동안 마음이 많이 괴롭고 힘들었다. 그러나 그때의 상황 덕분에 책을 읽으며 나를 알아가기 시작했고 변화할 수 있었다.

독서로 알게 된 가장 큰 깨달음은 자기 주도적인 삶을 살아야 행복하다는 것이다. 타인이 나를 행복하게 해 주기를 바라는 생각 습관은 나를 불행하게 만든다. 나만의 기준과 삶의 방향이 있을 때 내 인생의 주인으로 행복하게 살아갈 수 있다.

우리는 결과와 인정을 갈망하도록 가르치는 사회를 살고 있다. 인정 욕구는 인간의 본능이고 성장의 동력이 되기도 한다. 그러나 '내가 나를 어떻게 생각하느냐'보다 타인이 '나를 어떻게 생각하고 봐주느

냐에 더 큰 의미를 부여하면 내 삶은 방향을 잃게 된다. 어떤 행동을 할 때, 지나치게 타인의 인정을 원한다면 스스로 행복해지기는 어렵다.

인정 중독에 빠진 사람은 인정받지 못할 때 많이 불행해진다. 혹시나 저 사람이 나를 무시하면 어떨까? 인정하지 않으면 어떨까? 불안감을 느끼고 전전긍긍한다. 마치 목줄이 달린 개처럼 나를 컨트롤 할 수 있는 권한을 주변 사람한테 내어 주는 것이다. 내가 좋아하고 원하는 것을 찾아서 즐기게 되면 상대적으로 타인의 인정을 덜 원하게 된다. 더불어 내가 가진 것에 만족하고 나만의 행복 기준과 목표가 있는 사람은 타인의 인정이 없어도 스스로 행복해질 수 있다.

얼마 전 모 여배우가 얼굴을 알아볼 수 없을 정도의 망가지는 분장을 하고 새로운 캐릭터로 변신한 영상을 본 적이 있다. 청순한 이미지였던 그녀는 그동안 그런 이미지에 맞게 살아가는 것이 답답했다는 고백과 함께 못생겨지는 영상을 찍은 후 속이 후련하다는 말도 했다. 연예인이 아니더라도 타인이 생각하고 바라는 모습에 맞춰서 살게 되는 경우를 보게 된다.

남의 시선을 의식하고 누군가의 기대에 부응하려는 노력은 불필요한 에너지 낭비이다. 누구에게나 최대의 관심사는 자기 자신이다. 내가 생각하는 것만큼 다른 사람들은 나에게 별 관심이 없다. 타인의 시선이나 평가에 의존하기보다는 나 자신과 건강한 관계를 맺는 것에 집중해 보면 좋겠다.

　사람들과 웃고 떠드는 시간 대신 오롯이 나의 내면과 만나는 시간을 통해 나는 나를 더 사랑하게 되었다. 내가 나를 인정하고 존중하면 남도 나를 그렇게 대한다. 타인의 시선과 평가에서 빠져나오는 일은 큰 용기가 필요하지만 그 결과로 자유를 얻을 수 있다. 남의 인정보다는 나의 자유와 평온함이 내게는 더 소중한 가치이다. 남에게 인정받기 위해 애쓰기보다는 나만의 행복과 목표에 집중한다면 마음의 자유를 얻을 수 있을 것이다. 남에게 보여 주기 위해 인생을 낭비하지 말자.

게으른 완벽주의자도 변할 수 있는 독서법

꾸준한 루틴을 이어 나가는 것은 쉬운 듯 어려운 일이다. 작은 습관들이 낭창은 별일 아닌 것처럼 어겨지기 때문이다. 매일 책을 읽고 글을 쓴 지 약 2년 정도 지났을 때 독서의 임계점을 넘겼다. 자유롭게 내가 원하는 책 위주로 읽었는데도 내면의 변화와 균열이 생겼다. 갑자기 똑똑해졌거나 어떤 큰 변화가 나타난 것은 아니다. 그보다 더 의미 있는 변화는 나에 대한 믿음과 관용이 생긴 것이다. 읽고 쓰는 것의 반복적인 행동이 내 무의식을 변화시켰다.

무의식이 바뀌면 내가 나를 보는 시각이 달라지고 나에게 해 주는 말이 바뀐다.

"너는 한 가지를 꾸준히 하는 사람이구나."

"너에게는 이게 정말 중요하구나."

"넌 앞으로도 이걸 계속할 것 같아."

"결국 네가 원하는 것을 이루겠는걸?"

어느 순간부터 나에게 부정의 말보다는 긍정의 말을 더 많이 하게 되었다. 실수와 어설픔이 많은 나에게 실망하는 것이 아니라 그런 나라도 너그럽게 봐주는 힘이 생겼다. 나의 가능성을 믿게 되었다. 꾸준한 독서와 글쓰기가 나와의 내면 소통을 긍정적으로 변화시켰다.

우리는 각자의 방식으로 나와 내 주위 사건에 대한 스토리텔링을 하며 살아간다. 같은 일을 보고도 누군가는 감사와 만족의 이야기를 만들어 내지만 누군가는 불평, 불만의 이야기를 만든다. 내면 소통의 방식과 내용을 바꾸면 나를 변화시킬 수 있다. 책을 읽으며 지속적으로 질문하고 생각할 때 나에 대한 스토리텔링을 좀 더 긍정적이고 유의미하게 바꿀 수 있을 것이다.

책을 읽으면 평소 하지 않았던 생각을 하게 되면서 자연스레 질문이 생긴다. 질문을 하고 답을 찾는 과정에서 내 편견과 선입견이 깨진다. 그것을 깨는 것이 쉽거나 간단하지는 않다. 시간도 오래 걸린다. 그러나 스스로의 시행착오 끝에 얻어낸 삶의 변화는 작은 것이라도 더 값지게 느껴진다. 장기간 병원 입원 중에 있거나 군 복무 중에도 독서로 삶을 변화시킨 사람들을 볼 수 있다. 책은 어떤 환경에서도 나를 변화시킬 수 있는 좋은 도구이다.

독서를 시작했다고 해서 갑자기 인생이 달라지는 것은 아니다. 꾸준히 책을 읽으며 아주 작은 것 하나라도 행동으로 옮길 때 변화가 시작된다. 계속 읽고 생각하며 글로 써 나갔을 때 삶은 바뀐다. 쓰기 위해 깊이 생각할 때 통찰력이 생기고 새로운 관점으로 세상을 볼 수 있기 때문이다.

블로그에 도서 리뷰를 올리면서 더 깊이 있는 독서를 하게 되었다. 생각을 쓰기 위한 독서는 겉핥기식의 독서와는 다르다. 책을 읽고 무엇을 쓸지 고민하는 과정에서 생각하는 힘이 길러진다. 반복적으로 질문하고 사색하는 과정에서 스스로 답을 찾는 능력이 생긴다.

책을 읽은 후의 내 생각을 짧게라도 써 보면 독서뿐 아니라 글쓰기에도 자신감이 생긴다. 처음 리뷰를 올릴 때는 약간의 부끄러움이 있었다. 내 감상을 쓰는 것인데도 '틀리면 어떻게 하지?'라는 두려움도 있었다. 지금은 내 마음대로 편하게 쓴다. 계속 쓰다 보니 나만의 스타일과 자신감이 생겼다. 책을 읽은 느낌과 생각에 정답은 없다.

책을 읽는 것에서 끝내는 것이 아니라 그 내용을 내 것으로 만들었을 때 내면의 변화가 시작된다. 저자의 의도보다 더 중요한 것은 내가 관심 있고 궁금한 것에 집중하는 것이다. 나를 끌어당기는 키워드를 적은 후 내 생각을 더해 리뷰를 써 보면 책의 지식이 내 것으로 체화된다.

책을 읽은 후 독서 노트를 쓰기도 하지만 때로는 책에도 내 생각을 남겨놓는다. 좋아하는 책은 여러 번 읽는데 읽을 때마다 밑줄을 긋거나 메모하는 내용이 달라진다. 재독을 할 때 내가 책에 써 놓았던 글을 다시 읽는 게 왠지 쑥스럽지만 그 사이 변한 내 생각도 다시 끄적여 보게 된다. 이런 식으로 메모를 해 나가면 한 권의 책이 내 성장 노트가 된다.

책 속의 글이 아니라 내가 쓴 글을 읽으며 감동을 느껴 본 적이 있는가? 나의 글을 읽는 경험은 새로운 기쁨과 즐거움이다. 독서 후 깨닫게 된 나만의 생각을 글로 풀어내면 스스로에 대한 자부심과 나를 신뢰하는 힘이 생긴다. 책 속의 내용을 한두 줄이라도 나의 말로 바꿔서 생각을 정리하는 순간 성장이 시작된다.

책의 내용이 백 프로 다 맞다는 생각보다는 내 생각과 비교하며 읽어나가야 한다. 의문이 생기는 부분이나 특별히 공감되는 부분을 따로 메모하며 읽어보면 더 좋을 것이다. 이미 만들어진 위대한 생각보다 더 중요한 것은 나만의 사색을 통해 내 것을 창조하는 것이다.

리뷰를 쓸 때는 내 수준에 잘 맞는 책을 고르는 것도 중요하다. 책 고르기에 실패하더라도 스스로 책을 골라봐야 한다. 시행착오를 겪다 보면 어느 순간 나에게 딱 맞는 책을 만나고 그 책을 통해 또 다른 책과 인연이 닿는다. 좋은 책은 나에 관한 질문을 남기고 깊이 사색하게 만든다. 읽을 때마다 새로운 깨달음을 주고 나의 의식을 끌어 올려

주는 책을 꾸준히 읽었을 때 성장할 수 있다.

약사가 약을 처방하듯 나의 상태를 진단해서 필요한 책들을 골라 읽을 때 뿌듯함을 느낀다. 동기 부여가 필요할 때, 마음이 힘들 때, 새로운 자극이 필요할 때 등 상황에 맞는 책을 골라 읽는 재미가 있다. 많은 책을 읽으면 읽을수록 읽고 싶은 책이 끝도 없이 생긴다. 책장에 꽂혀있는 책들 중 일부는 표지만 봐도 든든한 느낌이 든다.

무수히 많은 책의 바다에서 유영하며 수많은 다양함과 새로움을 마주할 때 더 깊고 다채로운 인생을 살아갈 수 있다. 다양한 책을 읽는 과정 속에서 나만의 세계관을 만들 수 있다. 같은 상황도 새로운 관점으로 바라보는 것은 삶의 큰 무기가 된다.

많은 사람들이 책을 읽는 것만으로 변화를 바라지만 그것은 시작에 불과하다. 중요한 것은 반복해서 꾸준히 읽고 깨달아 내 철학을 만드는 것이다. 독서 후 사색으로 얻은 나만의 지식과 깨달음을 단 한 줄이라도 써 보면 좋겠다. 잘 쓰지 않아도 괜찮다. 책을 읽고 글을 썼다는 것 자체가 이미 변화의 시작이다.

변화는 고요하게 진행된다. 너무 미세해서 눈치채기 어렵지만 어느 순간 돌아보면 과거와는 다른 길에 서 있는 나를 발견하게 된다. 변화의 과정에서 답답함을 느끼는 순간이 있다. '이렇게 책을 많이 읽었는데 난 왜 아직도 제자리일까?'라는 의문이 찾아올 때도 있다. 그러나 변화를 원하는 마음 자체가 이미 변화의 시작임을 알아야 한다.

대단한 결심보다 우직한 실천이, 위대한 계획보다 매일의 독서 습관이 나를 진정으로 변화시킨다. 변화는 결심이 아닌 꾸준히 지속하는 과정에서 찾아온다.

NO 휴대폰 WITH 북

여러분은 하루에 스마트폰을 몇 번이나 보는가? 스마트폰을 보는 횟수와 시간을 확인해 본 적이 있는가? 운전 중 신호 대기를 할 때 지나가는 사람들을 보게 된다. 길을 걷거나 횡단 보도를 건널 때도 거북목이 된 채로 스마트폰을 보며 길을 가는 사람들이 대부분이다. 내가 사는 집에도 이런 사람들이 있다. 사랑하는 내 딸들은 나보다 스마트폰을 더 사랑한다.

딸들의 뇌를 보호하기 위해 주기적으로 디지털 디톡스 시간을 가진다. 최근에 이 시간을 자주 가졌더니 세 딸들이 똘똘 뭉쳐서 나를 공격했다. 왠지 마음이 졸아들었던 나는 스마트폰 사용에 관한 '토론'을 해 보자고 제안했다. 딸들은 할 말이 많아 보였다. 공정한 발언을 위해 시간을 정하고 한 사람씩 돌아가면서 이야기해 보았다.

내가 "하루에 세 시간만 쓰면 어떨까?"라고 말하니 아이들은 다음과 같이 말했다. "엄마도 세 시간을 쓰면 좋겠다.", "엄마가 음악 들으며 글을 쓰는 것처럼 나도 음악을 들으며 공부를 해야 한다.", "핸드폰이 없었을 때 친구한테 ○○이 죽었니? 라고 놀림을 받았다. 친구 관계 때문에라도 핸드폰은 꼭 필요하다."

토론을 하고 싶었으나 내 감정이 격해지면서 결론을 맺지는 못했다. 아이들은 스마트폰이 없으면 불안해하고, 나는 아이들이 스마트폰과 하나 되는 것이 불안하다.

틈만 나면 스마트폰을 보게 되고 수시로 SNS에 '좋아요'를 확인하는 이유는 새로운 것과 예측 불허를 사랑하는 '도파민' 때문이다. 인간의 그런 취약점을 이용해서 만든 것이 페이스북이나 인스타그램 같은 SNS이다. 아이뿐 아니라 어른도 스마트폰과 하나 되어 사는 사람들이 많다.

사람들은 내가 스마트폰을 보지 않을 때 혹시나 무슨 일이 생길까봐 불안해한다. 나는 그것보다는 SNS나 숏츠에 내 생각과 시간의 주도권을 빼앗기는 것이 더 두렵다. 생각 없이 숏츠 영상을 클릭하는 순간, 시간 감각을 잃게 될 때가 있지 않은가? '이것만 봐야지.' 하다가 어느새 알고리즘에 이끌려 또 다른 영상을 보고 난 후에는 왠지 허무해진다.

SNS의 '좋아요'와 짧은 영상을 보며 얻는 재미와 즐거움은 행복이 아니다. 그렇게 얻어진 도파민은 오래가지 않는다. 시간이 지나 도파민 수치가 떨어지고 다시 정상적인 수준으로 돌아올 때는 괴로움을 느끼게 된다. 그 괴로움을 잊기 위해 다시 스마트폰을 하게 되는 일이 반복된다. 도파민에 중독되면 일상의 다른 것들은 시시하게 느껴진다. 손쉽게 도파민을 얻을 방법이 있다 보니 운동을 하거나 다른 활동으로 그것을 얻기 위해 애쓸 필요를 느끼지 못한다.

그러나 스마트폰의 과도한 사용은 뇌의 도파민 시스템을 고장 나게 하고 뇌 손상을 일으킬 수 있다. 전문가의 의견에 따르면 한 달 정도 스마트폰을 하지 않으면 망가진 뇌가 회복된다고 한다. 공부, 찬물 샤워, 운동 등 자발적인 고통으로 뇌의 균형을 맞추는 방법도 있다.

주말에 하루 정도는 노트북과 태블릿까지 쓰지 않는 디지털 디톡스를 하고 있다. 일상을 심심하고 단순하게 만들어 보려는 시도이다. 음악도 듣지 않는 고요한 시간을 보내며 집안일도 하고 낮잠도 잔다. 자연스럽게 책도 더 많이 읽게 된다. 반나절 (3시간)이나 한나절(6시간)씩 휴대폰 없이 살아보면 하루가 정말 길게 느껴진다. 그동안 휴대폰에 뺏긴 시간이 정말 많다는 것도 알 수 있다.

한 가지 일을 하다가 다른 일로 옮겼다가 다시 그 일을 하는 것을 반복할 때, 즉 멀티 태스킹을 할 때는 생각보다 많은 에너지가 소모된다. 깊은 작업 중에 이메일과 알람을 확인하고 다시 완전한 집중 상태로 돌아가는 데 평균 23분이 걸린다고 한다.

디지털 산만함에서 나를 지켜내기 위해서는 집중력과 주의력을 기르는 연습이 필요하다. 독서 습관으로 이런 능력을 기를 수 있다. 나는 핸드폰 대신 손에 책을 들고 다닌다. 외출하긴 전 한 두 권의 책을 챙기는 것이 습관이 되었다. 가방에 넣지 않고 손에 들고 다니면 핸드폰을 보듯 자연스럽게 책과 친해질 수 있다. 지하철 이동 중에 책을 읽으면 내 생각도 같이 흘러가는 느낌이 재미있다. 왕복 두 시간 정도 걸리는 코스라면 가벼운 에세이집 한 권을 읽을 수 있다.

다양한 곳에서 책을 읽다 보면 책과의 추억이 쌓인다. 장소에 따라 책을 읽는 방법과 느낌도 달라진다. 새벽에 책을 읽을 때는 탁자에 앉아 독서대에 두고 정자세로 읽는다. 기분전환을 하고 싶을 때는 카페에서 읽기도 한다. 오픈 시간에 가서 여유롭게 읽으면 집중이 더 잘된다. 주말 아침에는 캠핑 의자와 책을 챙겨서 나들이를 가기도 한다.

일상이 건강하지 않을 때 우리는 더 자극적인 것을 쫓게 된다. 그러나 일상의 내가 느끼는 소소한 재미가 많은 사람은 작은 유혹에 쉽게 무너지지 않을 것이다. 손쉽게 얻을 수 있는 쾌락과 유희를 찾기보다는 내 일상에 소소하고 잔잔한 기쁨, 그런 행복을 찾아보면 어떨까? 일부러 심심함을 견뎌보고 외로움을 느껴 보고 고독을 즐기는 시간을 보내면 소소한 자극에서도 행복을 느낄 수 있을 것이다.

휴대전화 없이 빈 시간을 잘 보내려면 기술이 필요하다. 좋아하는 책 30페이지 읽기, 러닝머신 3km 달리기, 글쓰기, 걷기, 등산하기, 미술관 가기 등 몸으로 집중할 수 있는 계획을 세워보자. 혼자만의 시간을 잘 보낼 수 있는 나만의 행복 리추얼을 만들어 보는 것은 어떨까? 좋아하는 음악 듣기, 아로마 향 맡기, 옛 추억이 담긴 사진첩 보기, 하루에 한 개씩 버킷리스트 쓰기, 여행 가고 싶은 곳 써 보기, 드라이브 하며 노래 따라 부르기, 야외카페에서 좋아하는 책 읽기 등도 좋다.

자신만의 재밋거리와 기쁨이 많은 사람은 자극적인 요소가 없어도 행복한 일상을 보낼 수 있다. 그중에서도 책 읽기는 그 여운이 오래가는 즐거움이다. 잠시 휴대폰을 내려 두고 책을 벗 삼아 잔잔하지만 오래가는 행복의 맛을 느껴 보기를 바란다.

제5장

새로운 꿈을 꾸면 새로운 삶이 열린다

지혜로운 엄마는 자신의 꿈을 꾼다

삶에는 일정한 리듬이 필요하다. 너무 느슨한 것도 너무 바쁘게만 사는 것도 좋지 않다. 리듬 없는 삶을 살았던 시기가 있었다. 그날의 기분에 따라 하루를 보냈고 갑자기 누군가가 만나자고 하면 그냥 만나기도 했다. 요즘은 많은 것을 절제 중이다. 친구는 거의 만나지 않기에 조금은 심심한 느낌도 든다.

원하는 것을 이루기 위해서는 자기 통제가 필요하다. 하고 싶은 것을 다 하며 꿈을 이룰 수는 없다. 무조건 인내해야 하는 것은 아니다. 그러나 내 생각과 행동을 꾸준히 변화시키겠다는 계획과 전략은 필요하다. 천천히 한 걸음씩 가 보겠다는 마음가짐도 중요하다. 나에 대한 믿음과 나를 받아들이는 용기가 있을 때 마음에 여유가 생긴다.

책을 쓰고 싶었지만 두려움이 컸다. 그러던 중 책을 쓰다가 실패해도 괜찮을 것 같다는 생각이 들었다. 달리기에 관한 영감이 떠오른 것과 비슷한 느낌이었다. 대단한 각오와 다짐보다 '실패해도 괜찮아'와 같은 생각이 나를 더 행동하게 만들 때가 있다. 새로운 도전 앞에서는 누구나 두렵고 떨리기 때문이다. 책 쓰기가 거의 끝나가는 지금 과연 마무리를 할 수 있을지 여전히 두렵지만 한편으로는 설렌다. 이렇게 책을 쓰는 것이 꼭 꿈을 꾸는 것 같기 때문이다.

꿈같은 현실이지만 어느 순간 마법처럼 이루어진 것은 아니다. 3년 동안 꾸준히 글을 쓰고 책을 읽으며 마음 한 켠에 늘 나의 꿈을 생각했다. 블로그 이웃 중 책을 내는 사람들을 보며 마음이 조급해졌고 열등감도 느꼈다. 그런 감정이 힘들었지만 돌아보니 오히려 긍정적인 자극이 된 것도 같다. 책을 낸 사람들이 많은 주위의 환경 덕분에 작가가 되고 싶은 마음이 점점 더 커졌기 때문이다.

아무도 나를 작가라고 부르는 사람은 없었지만, 스타벅스에 가면 나를 작가라고 불러 주었다. 내가 '레나 작가'라는 닉네임을 만들었기 때문이다. 그 이름을 들을 때마다 기분이 이상했지만 싫지는 않았다. 낯설지만 조금 설레는 그런 느낌이 들었다.

아이들이 어릴 때는 늘 옆에 있어 줘야 했기에 나로 살아갈 시간이 부족했다. 벌써 그 아이들이 사춘기가 되었고 한 발 멀리서 아이들을 바라봐야 할 시기가 되었다. 이 시기의 부모는 나만의 의미와 재미가 없으면 자녀와의 갈등이 생기기 쉽다. 혼자서도 행복하고 내 마음을 건강하게 지킬 수 있을 때 가족과도 즐겁게 지낼 수 있다.

엄마라는 이유로 많은 것을 희생하고 양보하다가 정작 자신은 잘 돌보지 못했던 사람, 그게 바로 나였다. 결혼과 동시에 나보다는 가정에 더 충실한 사람으로 살게 되었다. 일보다는 아이 돌보는 것을 1순위로 생각했고 내가 원하는 것보다는 육아와 가정을 돌보는 것이 우선이었다.

아이들이 크고 난 지금이 되어서야 변화와 성장을 꿈꾸게 되었다. 우물 안 개구리처럼 가정만을 돌보며 살아왔던 사람이 꿈을 이루기 위해 변화하기가 쉬운 일은 아니다. 그러나 더 이상 미루고 싶지는 않았다. 느리더라도 내 방식대로 꿈을 이루는 모습을 아이들에게 보여주고 싶었다. 남편과 딸들에게 쏟았던 열정과 에너지를 나를 향해 쓰고 있다. 책을 쓰고 있는 지금은 누구의 엄마도 아내도 아닌 나를 찾는 시간이다. 책 쓰기로 보내는 하루하루가 뿌듯하고 만족스럽다.

하고 싶은 일이 생길 때마다 노트에 버킷리스트를 적어 왔다.

'트레일 러닝하기, 울트라 마라톤 대회 나가기, 유럽 여행 후 여행 책 쓰기, 달리기 모임 만들기, 루틴에 관한 유튜브, 미라클 모닝 커뮤니티 만들기, 루틴에 관한 책 내기'

약 3년 전에 써 놓은 목록을 보다가 깜짝 놀랐다. 버킷리스트 중 하나였던 '루틴에 관한 책 내기'를 지금 이루고 있기 때문이다. 노트에 써 놓고 안 본 지가 한참 되었는데 지금 이렇게 이루고 있다는 것이 신기하다. 책에서만 보던 이야기가 나에게 이루어졌다.

2년 전 도서관에서 글쓰기 수업을 신청해서 들었다. 약 10명의 사람과 모여서 글을 쓰고 돌아가면서 발표를 했는데 그때마다 왜 그렇게 부끄러웠는지 모르겠다. 10명의 사람 중 내가 글을 제일 못 쓰는 것 같았다. 그래도 끝까지 수업에 참여했다. 6주간 글쓰기 과제를 통해 10명의 사람이 쓴 글을 모아 한 권의 책을 만들기도 했다. 마지막 수업 시간에 각자 1년 후의 자기 모습을 발표하는 시간을 가졌을 때 나는 다음과 같이 이야기했다.

"1년 뒤에 나는 자기 계발 에세이집을 낸 작가가 되었다."

약간 쑥스럽기도 했고 내가 말하면서도 의심을 했다. '설마 될까?' 이렇게 말한 것도 잊고 있었는데 책을 쓰다 보니 떠올랐다. 종이에 쓰고 공언하니 정말 이루어졌다. 다른 꿈도 내가 이룰 수 있을 것 같다는 생각이 들었다. 목표를 이루고 싶다면 종이에 써 보면 좋겠다. 쓰면 이루어진다.

1. 나는 5권 이상의 책을 냈고 다음 책을 내기 위해 유럽을 여행하고 있다.

2. 나만의 이야기를 담은 유튜브를 운영 중이다.

3. 풀 코스 마라톤 메달을 3개 이상 가지고 있다.

10년 후의 내 모습을 책에 미리 써 본다. '쓰면 이루어지는 것'을 믿기 때문이다. 다 이루어지지 않아도 괜찮다. 꿈을 그릴 때 처음에는 '자기 의심'이 생기는 것이 당연하다. 그렇다고 꿈을 꾸는 것을 포기하면 안 된다.

나는 부족한 게 많은 사람이고 남들은 모르는 열등감도 있다. 그러나 그 덕분에 더 노력하고 행동하게 된다. 가진 게 없고 능력이 없는 사람도 꿈은 꿀 수 있다. 결핍과 부족함은 나를 움직이는 원동력이 된다. 조금 모자란 상태가 나를 한 걸음 더 나아가게 한다. 머물지 않고 흐르게 한다.

꿈을 이루기에 늦은 나이란 없다. 오늘은 70살의 내가 돌아가고 싶은 어느 날일지도 모른다. 노년이 되면 지금의 시기가 참 좋고 젊을 때라고 생각하지 않을까? 우리는 하루하루 늙어 간다. 70세가 되어도 난 달리기를 하겠지만 지금의 몸과는 아주 많이 다를 것이다. 그러나 40대의 나이라도 배우고 공부하고 운동하지 않으면 빨리 늙는다. 나는 할머니가 되어서도 독서와 글쓰기, 운동을 하며 살아가고 싶다.

"현재는 미래의 원인이 아닌 결과다."라는 말을 들어본 적이 있다. 지금 내가 하는 행동이 미래의 결과라고 생각하면 현재의 시간을 결코 함부로 낭비할 수 없다.

'미래의 나는 어떤 모습이길래 내가 지금 이러고 있을까?'

위와 같은 질문을 해 보면 원하는 미래를 위한 시간을 쓰게 된다. 꿈을 정하면 두려움도 생기지만 희망도 생긴다. 반대로 꿈을 꾸지 않으면 두려움도 없겠지만 희망도 생기지 않는다.

내가 원하는 삶은 나만이 만들 수 있다. 내가 꿈꾸는 미래가 내 인생을 바꾼다. 원하는 것이 없고 꿈꾸는 미래가 없다면 하루하루 쳇바퀴 도는 삶을 살다가 죽게 될 것이다. 5년 후 내가 현재의 나를 바라보면 어떤 생각을 하게 될까? 내가 믿고 깨달아 결정한 삶을 살아가는 나를 기특하게 바라보면 좋겠다. 넘어져도 다시 일어나서 꾸준히 나아가려는 나를 칭찬해 주면 좋겠다.

꿈과 희망을 가지는 것은 현재에도 미래에도 좋은 일이다. 미래의 나와 연결될수록 현재를 더 온전히 살 수 있기 때문이다. 다른 누구를 위함이 아닌 미래의 나를 떠올리며 나만의 꿈을 꾸기를 바란다. 결과는 중요하지 않다. 꿈을 꾸고 도전하는 그 과정을 즐기자. 결과도 결국 과정이 된다. 머물지 말고 흐르자. 변화하기 위해 움직이자.

세상에 당연한 것은 없다

지인과 대화 중에 엄마에 관한 이야기가 나왔다. "엄마는 어떤 분이셨어요?" 이런 질문을 받아본 석은 처음이었지만 나는 바로 대답할 수 있었다. "우리 엄마는 다 받아 주셨어요."라고 말이다.

세 딸을 키우며 엄마를 자주 떠올린다. 사춘기 시절에는 나도 별것 아닌 것으로 짜증을 내고 투정을 부렸을 텐데 엄마는 늘 웃는 모습으로 나를 잘 받아 주셨다. 그 시절에는 엄마의 아량을 '엄마는 다 그런 것 아닌가?'라는 당연함으로 받아들였었다.

카톡을 할 때 엄마는 "고·미·사"라는 메시지를 자주 보낸다. "고·미·사"는 "고마워, 미안해, 사랑해"의 줄임말이다. 나와 통화 후 전화를 끊을 때는 늘 "고마워"라는 말을 잊지 않으신다. 엄마에게 "고마워"라는 말을 들을 때 나는 엄마가 더 좋아진다.

나도 엄마처럼 아이들에게 "고마워"라는 말을 자주 하려고 한다. 둘째 딸에게 "고마워"라고 말하면 "엄마 나도 고마워"라는 말을 메아리처럼 들려준다. "고마워"라는 말에 담긴 고유의 울림이 좋다.

감사를 표현할 때 내 마음은 풍요로 채워진다. 내가 가진 좋은 것을 나눌 때 그것은 없어지는 것이 아니라 오히려 배가 되어 내게 다시 돌아온다. 마음에서 우러나오는 감사와 칭찬, 긍정의 말은 허공으로 사라지지 않는다.

누군가로부터 사랑을 많이 받은 사람은 그 사랑을 베풀게 된다. 그러나 받지 못했다고 해서 베풀 수 없는 것은 아니다. 환경적인 이유로 사랑을 받지 못한 결핍이 있더라도 타인에게 베푸는 사람이 될 수 있다. 바라지 않는 마음으로 베풀었을 때 언젠가는 나에게 그 에너지가 부메랑처럼 돌아온다. 이런 이치를 깨달은 사람은 선순환의 풍요 속에 살 수 있다.

얼마 전 중 3인 딸과 감사에 관한 대화를 나누었다. 내가 감사 일기를 쓴다고 하니 자신이 나에게 감사 거리를 알려주겠다며 신이 났다.

딸: "엄마! 눈을 깜박거릴 수 있는 것에 감사해 봐!"
나 : "오~ 맞아. 그런 것도 감사할 거리지."

딸: "엄마! 콧구멍을 벌렁거릴 수 있다는 것에도 감사해야지!"

나 : "응, 맞아. 그것도 감사한 거야!"

딸의 말에는 장난기가 섞여 있었지만, 함께 감사 거리를 찾으며 교감할 수 있는 순간이 좋았다. 살아 있음에 대한 감사를 딸에게서 배웠다. 건강하게 살아 있는 것이 당연한 일 같지만 그렇지 않다. 내가 보고 듣고 먹고, 두 다리로 잘 걸어 다닐 수 있는 것이 누군가에게는 기적과도 같은 일이다.

대단한 것보다 일상의 사소한 것이 더 큰 감사 거리이다. 늘 내 주변에 당연하게 있을 것 같은 소중한 사람들과 내가 가진 것들은 모두 당연한 것이 아니다. 당연한 게 많아지면 삶이 무미건조 해진다. 의식적으로라도 매일 감사함을 표현하면서 살아야 한다.

둘레길을 걸으며 "감사합니다."라는 말을 반복적으로 해 본 적이 있다. 말하는 것에 너무 집중하다가 돌부리에 걸려서 넘어질 뻔했는데 다행히 균형을 잘 잡았다. 순간 웃음이 나왔다. 넘어지려는 순간에도 "감사합니다"라는 말을 하고 있었기 때문이다. 평소라면 "감사합니다." 가 아닌 다른 반응이 나왔을 것이다. '오늘은 운이 없는 날이네.'라고 생각했을지도 모른다. '감사' 덕분에 웃으며 그 상황을 받아들일 수 있었다.

걷다 보면 많은 생각이 떠오른다. 자연스레 마음이 가벼워질 때도 있지만 아닐 때도 있다. 걱정, 근심이 깊은 날은 평소처럼 걸어도 왠지 마음이 무겁다. 며칠 전이 그런 날이었는데 그때 나도 모르게 감사와 용서의 말이 입에서 나왔다.

"감사합니다. 감사하다. 감사해요."
"용서합니다. 용서한다. 용서해요."

감사와 용서의 말을 두세 번 천천히 되뇌어 보았다. 순간 안 좋았던 감정이 스르르 녹아내렸다. 원망과 미움의 마음이 잠시나마 사라졌고 옅어졌다. 잠깐이었지만 감사와 용서의 에너지가 부정적인 감정을 사라지게 하는 느낌이 신기했다.

내 마음을 자주 바라보는 편이다. 글을 쓸 때도, 산책을 할 때도, 달릴 때도 내면을 바라보고 생각을 알아차리려 한다. 반복적으로 마음을 바라보고 나와 대화하며 내 안에는 치유와 긍정의 힘이 있다는 것을 깨달았다. 누구나 내면에 스스로를 도울 수 있는 힘을 가지고 있다. 가끔은 외부의 소음을 끄고 내 안의 소리에 귀를 기울여 보면 좋겠다.

한 뇌 과학 연구에 따르면 사람의 몸을 최상의 상태로 유지 시켜 주는 것은 명상이나 기분 좋은 일을 생각하는 것보다도 감사하는 마음이라고 한다. 실제로 감사가 일상이 되면 삶의 행복도가 높아진다.

매일 새로운 아침을 만나는 것, 꾸준하게 무언가를 이어갈 수 있다는 것, 감사를 표현할 수 있다는 것 자체가 정말 큰 감사이다. 감사하는 루틴은 내 삶을 더 풍요롭게 만들어 준다.

매일 감사 일기를 쓰고 있다. 꾸준히 감사 일기를 쓰면 부정의 마음보다는 긍정의 마음으로 나를 바라볼 수 있고 스스로도 힘과 위로를 얻을 수 있다. 감사 일기는 잠들기 전에 쓰는 것이 더 효과적이다. 잠들기 직전의 기분은 수면에 큰 영향을 주고 자기 직전에 한 생각은 잠재의식에 쌓이기 때문이다.

일기를 쓸 때 막연한 감사보다는 구체적인 일을 돌이켜보고 감사의 대상을 함께 적는 것이 더 좋다고 한다. 예를 들면 '필라테스 강사님의 친절한 지도에 감사하다.'라고 쓰는 것이다. 감사의 대상을 적으면 나에게 주어진 것을 긍정적으로 수용하면서, 도움을 준 타인도 긍정적으로 받아들일 수 있기 때문이다.

이와 같은 방법으로 감사 일기를 쓰다 보면 하루를 살 동안 내가 꽤 많은 사람의 도움을 받으며 산다는 것을 알 수 있다. 나 또한 누군가를 도우며 서로에게 감사를 주고받는 풍요로운 삶을 살고 싶어진다. 그 무엇도 당연한 것은 없다고 생각하면 정말 작고 사소한 것에도 감사가 우러 나온다. 이 세상에 당연한 것은 없다.

내 하루의 비타민 같은 시간

새벽에 일어나면 커피를 내리는 습관이 있다. 수동으로 원두를 갈고 뜨거운 물을 부어 커피를 내린다. 약 10년 전쯤 처음으로 드립 커피를 알게 되었다. 원두가 신선할수록 커피 빵이 크게 부풀어 오르는 게 신기했다. 과테말라처럼 깊고 묵직한 바디감 보다는 예가체프 같은 과일의 풍부한 향과 산미가 더 좋다. 내 하루가 아메리카노라면 내가 보내는 새벽 시간은 진한 에스프레소와 같다. 원두의 종류에 따라 달라지는 커피의 향처럼 새벽에 내가 보내는 시간에 따라 하루의 맛과 향이 결정된다.

모닝 루틴을 할 수 있는 새벽 시간을 좋아한다. 비몽사몽 잠에서 깨지만 나만의 루틴을 할 때는 역시 일찍 일어나기를 잘했다는 생각이 든다. 새벽을 기분 좋게 시작하면 그날 하루가 내 편이 되는 것 같다. 기대와 설렘으로 내 하루와 미래를 그려보기에도 좋은 시간이 바로 새벽이다.

밤새 굳어진 몸을 풀기 위해 새벽 요가를 한다. 거실에 매트를 펴고 '요가 소년' 영상을 튼다. 단 10분만 제대로 따라 해도 찌뿌둥한 몸이 개운해진다. 요가를 한 날에는 명상도 하게 된다. 자리에 앉아 호흡에 집중해 보는데 단 5분을 같은 자세로 앉아 있는 것이 참 힘들다. 떠오르는 잡념과 생각은 또 얼마나 많은지 모른다. 가만히 앉아 있기만 해도 그 시간을 버텨낸 것에 뿌듯함을 느낄 수 있는 것이 좌선 명상이다.

모닝 루틴의 시작은 그 전날 밤부터이다. 하루의 시작만큼 마무리도 중요하다. 밤 9시가 되면 핸드폰을 잠금 상자에 집어넣은 후 식탁 위에 독서대와 책, 노트북을 미리 올려놓는다. 작고 사소한 것을 준비하는 행동은 내일에 대한 기대감을 높여준다. 책을 읽거나 일기를 쓰는 등 밤에도 간단한 루틴이 있다면 더 뿌듯하게 잠들 수 있을 것이다.

잠이 들기 전에는 누워서 나 자신을 토닥이는 의식을 한다. "오늘 하루도 잘 살았네. 고마워, 사랑해."라고 말하며 나비 포옹법으로 나를 안아주고 내 머리를 쓰다듬어 준다. 약 15초 정도 걸리는 말과 동작으로 하루를 더 따뜻하게 마무리할 수 있다.

우리는 하루에도 수만 가지 생각을 하는데 새로운 자극이 주어지지 않으면 어제 한 생각의 95퍼센트를 똑같이 한다고 한다. 어제와 같은 생각을 한다는 것은 어제와 같은 말을 한다는 것이다. '지겹다.', '되는 일이 없다.' '귀찮다.' 등등 늘 하는 생각의 고리를 끊지 않으면 오늘도 어제와 같은 부정적인 말을 하게 된다. 새로운 말을 하기 위해서는 새로운 자극이 필요하다. 부정적인 언어 습관을 돌아보고 긍정적인 자극을 주기 위해 독서 루틴을 이어간다.

하루 시작인 새벽이나 아침에는 마음과 행동을 다스리는 데 도움이 되는 책을 읽고 있다. 제임스 알렌의 《생각의 연금술》과 김주환 교수님의 《내면 소통》을 꾸준히 읽게 된다. 매일 아침 나에게 새롭고 긍정적인 자극을 주는 것만으로도 하루를 더 밝은 에너지로 살아갈 수 있다.

하루 중 가장 고요한 시간에 책을 읽고 글을 쓰는 것이 때로는 신성한 의식처럼 여겨진다. 오늘의 30분 독서가, 매일 1편의 글쓰기가, 10분의 달리기가 당장의 삶을 바꾸지는 않는다. 그러나 그런 시간을 쌓아나가다 보면 이전에는 볼 수 없었던 것들이 보이고 내 삶은 달라져 있다. 새벽 루틴은 천천히, 조용히, 그러나 확실하게 나를 변화시킨다. 책을 읽으며 깨달았던 지혜가 생활의 문제를 해결하는 열쇠가 된다. 매일 글을 썼던 훈련으로 한 권의 책을 쓰게 된다.

하고 싶은 일이 있다면 새벽 시간에 집중해 보자. 10분으로 시작해도 괜찮다. 시간은 서서히 늘리면 된다. 나만의 루틴으로 시간을 보내는 것은 내 하루의 주인이 되는 연습이다. 내 시간을 내가 만들어 가는 훈련은 삶의 주체성을 길러 준다. 하고 싶은 일이 있을 때 새벽 기상은 더 즐거워진다.

새벽 기상을 시작한 것은 대략 8년 전이다. 당시에 하고 있었던 공부를 위해 새벽 시간을 활용하다가 조용히 몰입할 수 있는 새벽의 맛에 빠져들었다. 나 혼자 집중할 수 있는 시간과 공간이 행복했다. 6년 전에는 새벽 홈트를 시작했다. 운동의 목표는 뱃살을 빼고 복근을 만드는 것이었다. 땀을 흘리며 시작하는 아침의 뿌듯함과 보람은 말해 뭐할까? 매일 코어 운동과 스쿼트, 런지, 플랭크를 하는 것에 푹 빠져서 지내다 보니 약 3주 만에 복근이 생겼다. 매일 거울을 보며 혼자 뿌듯해했던 기억이 난다. 일찍 일어나서 규칙적으로 운동을 하는 것은 처음에는 당연히 힘들다. 그러나 꾸준히 나를 단련하다 보면 체력이 좋아지는 것은 물론 자신을 컨트롤 할 수 있는 사람으로 변해간다. 새벽 운동을 하면 하루를 살아갈 열정과 에너지도 샘솟는다.

새벽 산책 혹은 달리기로 시작하는 하루가 좋다. 새벽길을 달리면 아무도 없는 시간과 공간을 오롯이 혼자 느낄 수 있다. 달리기는 눈을 감지 않아도 나를 알아차릴 수 있는 움직임 명상이다. 해가 뜨기 전 집 밖을 나가면 아파트 건물 사이의 달이 나를 반겨준다. 은은하게 비치는 달빛만 봐도 감성이 차오른다. 딱 그 시각에만 볼 수 있는 풍경은 새벽을 더 아름답게 만든다. 날이 맑은 날 새벽에는 곧 떠오르는 해를 볼 수 있을 거라는 기대감으로 달릴 수 있다. 달리기를 통해 하루를 설레게 시작하는 법을 배웠다. 때로는 활기차게, 때로는 차분하게, 새벽 운동은 내 하루의 무드를 결정해 준다.

어느 여름 5시 반쯤 동네를 달렸다. 평소보다 조용하고 공기도 차분한데 나 혼자 왠지 들뜨는 기분이 들었다. 동네 러닝의 장점은 내가 원하는 곳으로 달려가도 길을 잃지 않는다는 것이다. 마음이 이끄는 대로 달리던 도중 평소와 다른 길로 가 보았다.

눈부신 햇살이 내리쬐는 도로가 내 발길을 이끌었기 때문이다. 모퉁이를 돌아보니 커다란 태양이 빛을 뿜어내고 있었다. 햇살이 비친 도로를 따라가다가 거대한 태양을 만난 것이 의미 있게 느껴졌다. 좋아하는 것과 꿈이 있다면 그것의 그림자나 흔적으로 보고도 그 꿈을 좇을 수 있겠다는 생각이 들었다.

새벽 러닝을 하며 이런 영감이 떠오를 때 정말 신이 난다. 이런 감상을 글로 쓸 생각을 하면 흥분되고 설레는 기분이 든다. 한 편의 글을 쓰고 달리기를 하다가 영감이 떠올라서 글을 한 편 더 쓰는 날은 보너스나 선물을 받은 것 같다.

달리기는 내 몸에 주는 살아있는 비타민, 글쓰기는 내 마음에 주는 값진 선물이다. 나는 매일 비타민과 선물을 받으며 하루를 시작한다. 차분하지만 생기 있는 그런 아침을 맞이할 수 있음에 감사한다.

천천히, 꾸준히, 즐겁게

　아무도 알아주지 않을 때도 묵묵히 자기의 길을 걸어가는 사람들이 있다. 지금은 누구나 다 아는 유명 배우나 가수들이 처음부터 인기가 있었던 경우는 드물다. 긴 무명 시절을 이겨내고 성공한 경우가 대부분이다. 원하는 것을 이루기 위해서는 수요가 없어도 버틸 수 있는 꾸준함과 끈기가 필요하다.

　처음 블로그를 할 때를 떠올려 보면 공감도 댓글도 이웃도 없었다. 그래도 꾸준히 글을 써서 올렸고 여전히 매일 글을 쓰는 중이다. 지금도 내 글에 대한 큰 수요가 생긴 것은 아니다. 그러나 외롭지 않은 마음으로 글을 쓰고 있다. 글쓰기를 포함한 성장 루틴을 지속하며 꾸준함의 힘을 깨달았다. 루틴을 이어 나가며 나를 믿는 힘이 생겼고 혼자 있는 시간을 충실하고 단단하게 채우는 법을 알게 되었다. 평소 '불안'이 많은 나지만 좋아하는 일을 꾸준히 하다 보니 마음의 안정을 찾았고 사신감도 생겼다.

하기 싫은 마음이 들 때는 점을 찍는다는 마음으로 루틴을 이어 나갔다. 글을 쓰기 싫을 때는 딱 세 줄만 써 보자는 마음으로 글쓰기를 시작한다. 그러나 실제로 세 줄만 쓰고 끝낸 적은 없다. 책을 쓰기 싫은 날도 있지만 스터디 카페에 와서 자리를 세팅하면 한 줄이라도 쓰게 된다. 한 줄이 한 단락이 되고 한 페이지가 된다.

루틴의 실행은 나를 버티게 하는 힘이다. 꾸준히 할 수 있는 기분 좋은 일이 있다면 그것만으로도 삶에 행복을 쌓을 수 있다. 꾸준함으로 변화를 만들었을 때 나를 믿게 되고 그것은 다른 도전을 할 때 큰 자산이 된다. 다만 그때는 알 수 없기에 그저 꾸준하게 나아갈 뿐이다. 3년 이상 꾸준히 블로그에 글을 남기는 사람을 보면 큰 감동을 느낀다. 힘든 날이 있을 텐데도 꾸준히 글을 써서 올리는 것은 아무나 할 수 있는 일이 아니기 때문이다.

어느 날 떠오른 영감 덕분에 달리기를 시작했다. 달리면서 '이렇게 좋은 운동이 또 있을까?' 싶을 정도로 매력을 느꼈다. 약 4년간 꾸준히 즐겁게 달렸다. 지금은 매일 5km 정도는 부담 없이 달릴 수 있는 체력이 생겼다. 큰 결심 없이 시작한 블로그도 3년째 하고 있다. 꾸준히 글을 쓰고 책을 쓰는 과정에서 글 근육이 붙었다. 예전에 비하면 조금은 힘을 빼고 글을 쓰게 된다. 책 읽는 것 또한 나의 일상이 되었다. 밥을 먹는 것처럼 아니 그보다 더 자주 짬이 나면 무조건 책을 읽고 있다.

달리기를 할 때 땀샘이 열리는 순간이 있다. 땀이 나기 직전까지는 초반 워밍업 구간이 좀 지루하지만 폭발하듯 땀이 나기 시작하면 희열이 느껴진다. 달린 것에 대한 보상을 받는 기분이다. 물이 100도 씨가 되었을 때 끓어오르듯 달리기로 체온이 오르면 땀이 흐르기 시작한다.

물이 수증기로 변하듯, 임계점을 넘기는 변화는 꾸준한 열정이 있을 때 가능하다. 열정은 한 번 뜨거워졌다가 식는 것이 아니다. 열을 계속 가해야 물이 끓어오르듯, 변화가 느껴질 때까지 꾸준히 지속하는 힘, 그것이 열정이다. 설렘이 사라졌을 때도 포기하지 않는 것, 시간이 오래 걸리고 힘들더라도 내 뜻을 꺾지 않고 계속해 나가는 것, 이런 것이 열정이다.

하루하루 독서와 글쓰기를 해도 뭔가 변화가 더디게 느껴질 때가 있다. 그럴 때는 왠지 의욕이 사라진다. '눈에 띄는 변화도 없는데 이걸 해서 뭐 하나?'라는 생각도 든다. 그런 생각이 들 때는 과거의 나와 지금의 나를 비교해 본다. 2년 전, 1년 전, 6개월 전의 나를 떠올려 보면 유의미한 변화가 생긴 것을 알 수 있다.

매일 반복하는 작은 습관들은 덧셈의 공식처럼 바로 결과가 나타나는 것이 아니다. 게임의 레벨이 올라가고, 달리기의 거리가 늘어나는 것처럼 나의 성장도 눈에 뚜렷하게 보인다면 좋겠지만 꾸준함의 결과는 계단식으로 나타난다. 그러니 눈에 띌 정도로 빠르게 변화하지 않는다고 해서 좌절하거나 포기할 필요는 없다.

사람마다 변화의 속도도 다 다르다. 불안할 때는 지금 내가 할 수 있는 것을 하면 된다. 그럴 때 루틴은 더 빛을 발한다. 꾸준히 하다 보면 임계점을 넘기는 순간은 분명히 오고 한 단계 더 업그레이드된 나를 만날 수 있다.

꾸준함의 시간만큼 내 자존감은 확실히 더 단단해졌다. 작은 일이라도 꾸준히 하다 보니 나도 할 수 있다는 믿음이 생겼다. '런데이' 어플을 보니 5년간 2,876km를 달렸다. 3년간 내 블로그에는 1,250편의 글이 쌓였다. 작은 움직임이 모여 큰 숫자가 되었다. 나는 끈기가 없는 사람이라고 생각했는데 3년간 꾸준히 달리고 글을 쓰며 나에 대한 정체성도 긍정적으로 변했다.

꾸준함과 열정, 끈기의 중요성을 누구나 머리로는 다 알 것이다. 실천이 어려운 이유 중 하나는 나에 대한 믿음이 부족하기 때문이다. 나를 믿지 못하면 어떤 것도 꾸준히 하기 어렵다. 생각보다 변화가 더딘 것 같고 성장이 느리게 느껴질 때는 자괴감에 빠지기 쉽다. 그럴 때 '그러면 그렇지, 내가 이럴 줄 알았어.'라는 마음이 들지도 모른다. 그러나 안 되면 안 되는 거지 굳이 나를 미워할 필요는 없다. 부정적으로 흘러가는 생각에 끌려가지 않도록 마음을 단단히 붙잡아야 한다.

지속하는 힘은 나를 믿고 기다려 주는 마음에서 나온다. 자신을 믿고 사랑하는 사람만이 꾸준함을 지속할 수 있다. 그것이 주는 보상과 결과는 생각보다 대단하고 값지다. 도미노 현상처럼 하나를 꾸준하게 해 본 사람은 다른 것도 꾸준히 할 수 있는 초석을 마련한 셈이다. 그 인생은 분명히 달라지고 새롭게 펼쳐질 수밖에 없다.

위대한 결과와 성취가 없어도 괜찮다. 무엇이든 내가 했다는 것이 중요하다. 좋아하고 잘하고 싶었던 일을 끝까지 해내려는 마음과 실행력은 그 자체로 인생의 훌륭한 무기가 된다. 무언가를 해 보려는 마음 자체가 소중한 것이다. 하고 싶은 일을 찾아서 시작하면 삶을 활기 있게 살 수 있다. 반대로 하고 싶은 일이 없으면 무기력과 우울감이 나를 지배한다.

스스로 선택하고 나아가는 것을 반복했을 때 내 선택에 대한 믿음이 생긴다. 설령 잘못된 선택이라 하더라도 하나의 배움으로 여길 수 있는 삶의 통찰이 생긴다. 실패에 좌절하더라도 내가 다시 해낼 사람이라는 믿음과 공감, 이런 것들이 나를 살게 한다.

꾸준함은 설레는 일이다. 원하는 것을 선택하고 반복하면 삶이 바뀌기 때문이다. 좋은 것도 나쁜 것도 꾸준히 하면 쌓인다. 의식하지 않더라도 변화가 일어난다. 조금씩 계속의 힘은 무섭다. 조금씩 바꿨을 뿐인데도 사실은 크게 바뀌었다는 것을 나중에야 깨달을 수 있다.

느리더라도 제대로 밀도 있게 이뤄내는 꾸준함의 맛이 좋다. 그것을 이루는 과정에서 내가 더 단단하게 성장함을 알기 때문이다. 결과보다는 과정의 소중함을 알아야 한다. 시간의 힘과 나를 믿고 천천히, 꾸준히, 즐겁게 나가보면 좋겠다.

내 습관이 나를 이끈다

주 1회로 필라테스를 배우고 있다. 얼마 전 1:1 런지 수업으로 하체 쓰는 법과 중둔근에 힘주는 법을 배웠다. 한쪽 엉덩이는 바로 단단해지며 근육이 붙는 느낌이 들었는데 다른 한쪽은 쉽게 되지 않았다. 새롭고 어색한 동작을 반복하는 게 생각보다 많이 힘들었다. 다 그만 두고 집에 가고 싶은 심정이었다. 혼자였으면 포기했겠지만, 나의 변화를 포기하지 않는 강사님 덕분에 다른 한쪽도 결국 성공했다. 운동 후 거울로 뒷모습을 보니 옷의 핏이 달라질 정도로 근육이 생겼다. 중간에 포기하지 않은 보람이 느껴졌다. 필라테스 동작을 배우며 근육이 생기는 원리도 알게 되었다. 평소 쓰지 않던 한 부위를 자극하는 동작을 반복하면 근섬유들이 희미하게 연결되면서 근육이 생긴다. 그리

고 다음 날이 되면 더 단단하게 연결된다고 한다.

새로운 근육을 만들기 위해서는 안 쓰던 신체 부위에 힘을 주며 한 가지 동작을 반복해야 한다. 습관을 만드는 방법도 이와 비슷하다. 좋은 습관일수록 그것을 만드는 것은 쉽지 않다. 내 몸에 근육을 만드는 것처럼 여러 번 반복해야 하고 새로움에 대한 어색함과 고통을 이겨내야 한다. 그러나 좋은 습관은 궁극적으로 나를 더 행복하게 해 준다. 근육으로 내 몸의 변화를 볼 때처럼 뿌듯한 행복을 느낄 수 있다.

매일 달리는 습관을 만들어 보고 싶었는데 쉽지 않았다. 달릴 때마다 30분 정도는 달려야 한다고 생각했기 때문이다. 매일의 습관으로 만들기 위해 하루에 5분만 달리는 것으로 그 기준을 낮춰 보았다. 새로운 행동을 습관으로 만들 때는 아주 작게 시작하는 것이 중요하다. 달리기 뿐 아니라 독서와 글쓰기, 다른 운동 습관을 만드는 법도 비슷하다. 하루에 책 한 쪽 읽기, 하루에 글 한 줄만 쓰기, 스쿼트를 딱 1개만 하기 등 아주 작게 시작해서 서서히 늘려가는 것이 중요하다.

2024년 5월 가정의 달 연휴에 나는 다양한 곳에서 달렸다. 춘천의 한 수목원에서 가족들이 걸을 때 혼자 달렸다. 시댁과 친정에서도 달리기를 쉬지 않았다. 연휴 기간에도 루틴을 이어간 나 자신이 기특했지만, 주위의 반응은 그게 아니었다. '굳이 연휴까지 저래야 하나?'라는 시선이 있었다. 평소라면 이런 시선에 흔들렸겠지만, 이번에는 100일 달리기에 내 마음이 집중되어 있었기에 크게 신경이 쓰이지는 않았다. 오히려 더 하고 싶은 오기가 생겼다. 습관을 만들고 지속하기 위해서는 꺾이지 않는 마음이 중요하다.

처음에는 내가 습관을 만드는 것 같지만 한 번 만들어진 습관은 나를 만들고 이끈다. 습관이 나를 만든다는 것은 그것을 하지 않으면 불안한 상태가 되는 것이다. 매일 같은 시간에 글을 쓰는 사람은 그 시간에 글을 쓰지 않으면 마음이 불안해진다. 좋은 습관이든, 나쁜 습관이든 우리 뇌는 그것에 적응한다. 내가 만든 습관이 나를 이끌고 가는 경험을 해 보면 '나도 할 수 있다'는 믿음과 다른 것도 습관으로 만들어 보고 싶은 자신감이 생긴다.

습관이 되기 전까지 15일, 한 달 단위로 나에게 작은 선물을 해 주는 보상도 좋다. 성장과 변화를 위해서는 스스로 격려하며 나아가는 힘이 필요하다. 그런 날들을 지속하다 보면 글 한 편을 완성해서 발행 버튼을 누르는 것, 다 달린 후에 스톱워치를 누르는 자체가 보상으로 느껴지는 날이 온다. 아무 노력이나 시도도 하지 않고 처음부터 재미있는 일은 없다. 원하는 것이 있다면 직접 해 보는 수밖에 다른 방법은 없다. 다른 인생을 살고 싶다면 다른 습관을 만들어야 한다.

습관은 도미노와 같다. 한 가지의 좋은 핵심 습관은 다른 습관으로 연결된다. 달리기 시작과 함께 식습관에도 변화가 생겼다. 밀가루 음식을 줄였고, 과식을 하지 않는다. 저녁 7시 이후로는 먹지 않는 간헐적 단식도 하고 있다.

해로운 습관도 도미노처럼 이어진다. 소파에 누워 티브이나 영화를 보는 습관이 있는 사람은 과자나 치킨처럼 먹기 편한 음식과 탄산음료를 마시게 될 확률이 높다. 음주를 좋아하는 사람은 맛있는 안주와 함께 먹는 것을 좋아할 것이다.

당장의 즐거움보다는 뒤끝이 좋은 경험이 나를 성장시킨다. 누워서 핸드폰을 들고 숏츠를 본 뒤끝이 안 좋은 이유는 무엇일까? 볼 때는 재미있겠지만 다 본 후에는 내게 남는 게 없기 때문이다. 오랫동안 게임을 하고, 매일 술을 마신 후 밀려오는 허무함과 공허함은 쾌락 뒤에 오는 고통의 감정이다. 그것을 잊기 위해 또다시 게임을 하고 술을 마시게 된다. 편한 것, 당장 즐거운 것만을 선택하려는 습관의 반복은 내 인생을 서서히 무너뜨리게 된다.

반면 좋은 경험은 그것을 끝낸 후에 느낌이 좋다. 글을 쓴 후에는 기분이 좋아진다. 머릿속이 맑고 개운하다. 30분만 책을 읽어도 내면이 차오르고 괜히 뿌듯해진다. 운동 후에는 상쾌함, 개운함, 성취감까지 느낄 수 있다. 좋은 경험은 더 나은 내가 되고 싶게 만들어 준다.

새로운 습관을 만드는 일은 별것 아닌 것이라고 해도 생각보다 큰 에너지가 필요하다. 우리 뇌는 에너지를 절약하고 위험을 피하도록 설계되어 있기 때문이다. 새로운 일 앞에서 자기 의심과 귀찮다는 생각이 뒤따라 오는 것이 당연하다. 그러나 변화하고 싶다면 익숙함과 편안함에서 벗어나야 한다. 아침에 따뜻한 이불을 걷고 나와 차가운

공기를 맞이해야 한다. 일회성은 안 된다. 매일 아침 이불 밖으로 나와야 하는 것처럼 꾸준히 시도해야 한다. 그렇지 않으면 원래 하던 방향으로 금세 돌아가게 된다.

익숙함과 편안함은 나를 끌어당긴다. 관성의 법칙에 끌려가지 않으려면 반대쪽의 힘을 세게 만들면 된다. 그 힘을 세게 만드는 법을 우리는 다 알고 있다. 작게 시작하고 반복해서 습관으로 만들면 된다. 건강해지고 싶은가? 그렇다면 빵이나 과자 대신 견과류를 먹고, 엘리베이터를 타는 대신 계단으로 걸어가는 습관을 만들면 된다. 작은 불편함을 선택하는 일상의 결정들이 모여 결국 큰 변화를 만들어 낸다.

아주 작은 것이라도 괜찮다. 원하는 것을 이룰 수 있는 습관 한 가지를 정하고 반복하면 인생을 변화시킬 수 있다. 좋은 습관을 반복할수록 그 효과는 더 커진다. 복리 이자가 붙듯 습관에도 이자가 붙는다. 복리로 늘어나는 돈의 이자보다 복리로 늘어나는 습관은 내 삶에 더 큰 영향을 준다.

자주 반복하는 행동이 곧 내가 된다. 매일 글을 쓰는 사람은 작가가 되고, 규칙적으로 달리는 사람은 러너가 된다. 작은 행동들이 모여 당신의 삶과 정체성을 만든다. 습관에게 내 성장의 끈을 내어 주자. 좋은 습관은 누구보다 믿을 만한 친구이자 내 인생을 이끌어 주는 멘토가 되어줄 것이다.

행동하고 나아가게 하는 긍정의 힘

2002년 3월, 초등학교 교사로 첫 발령을 받았다. 기쁨과 동시에 두려움도 생겼다. 내가 과연 좋은 교사가 될 수 있을지 생각이 많아졌다. '아이들이 원하는 건 무엇일까? 나는 아이들에게 무엇을 해 줄 수 있을까?' 나름의 고민 끝에 '사랑과 존중'이라는 답을 내렸다. 아이들을 사랑하고 존중해 주었을 때 나도 학생들도 서로 행복할 것 같았다.

내 사랑의 무기는 '칭찬'이었다. 채찍보다는 당근을 자주 활용했다. 수업 시간에 집중하지 않거나 자세가 안 좋은 아이들에게 관심을 보이지 않았다. 그 대신 학습 태도가 바른 아이들의 이름을 부르며 공개적으로 칭찬해 주었다. 당근의 전략은 잘 통했다. 칭찬을 받은 아이도, 아닌 아이도 자세를 바르게 하려는 모습을 보였다.

어느 해 6학년을 맡았을 때 맨 뒷자리에서 수업을 듣는 둥 마는 둥 하는 남학생이 있었다. 늘 무심한 태도를 유지하고 있었는데 학년말에 나에게 편지를 썼다. 평소에 표현하지는 않았지만, 선생님 덕분에 학교생활이 즐거웠고 좋았다는 내용이었다. 의외의 편지라 더 놀랐고, 감동이었다. 아이들을 향한 내 마음이 통한 느낌이었다.

같은 사람을 보고도 누군가는 지적을 하지만, 누군가는 칭찬을 한다. 찬 바람보다는 뜨거운 태양이 나그네의 옷을 벗겼다는 이야기처럼 진심이 담긴 칭찬은 사람의 마음을 열리게 한다. 위축되었던 사람도 따뜻한 칭찬 한마디에 자신감을 얻게 된다. '어떤 칭찬을 해 볼까?'라고 생각하는 순간부터 칭찬의 말을 하는 그 순간까지 내 기분이 먼저 좋아진다.

이런 칭찬을 꼭 남에게서 들어야 하는 것은 아니다. 아무도 나를 칭찬 해 주지 않는다면 내가 나를 칭찬하면 된다. 나는 매일 칭찬 일기를 쓰고 있다. 어제보다 계란말이를 더 예쁘게 만 것, 밥물을 잘 맞춘 것, 저녁 7시 이후 금식한 것, 아침에 러닝머신 20분 걸은 것 등 정말 작은 것도 칭찬거리가 될 수 있다. 짧은 한 줄의 칭찬이지만 은근히 기분이 좋아지고 뿌듯한 마음도 생긴다.

성인이 된 우리는 칭찬 받을 일이 거의 없다. 어른이 되면 열심히 하는 것, 잘하는 것이 당연하기 때문이다. 셀프 칭찬은 타인을 신경 쓰지 않고 내 행동만을 보게 되기에 그 기준이 내가 된다. 남과 비교하지 않으면서 나를 칭찬할 수 있다. 자신을 칭찬하고 긍정하는 습관은 타인에게도 적용된다. 칭찬은 사람 사이를 부드럽고 말랑하게 만들어 준다. 아이들, 배우자, 가까운 사람에게 칭찬의 말을 건네 보자.

어느 날 새벽, 달리기 위해 집 밖을 나서는데 빗방울이 흩날렸다. 새벽 5시쯤 비가 오니 동네는 더 고요했다. 이런 와중에 감사가 흘러나왔다. "감사합니다."라고 여러 번 말했다. 맑은 날에도 흐린 날에도 달릴 수 있는 내 삶이 감사했다. 잔뜩 흐린 날이었지만 달리다 보니 마음이 평온해지고 긍정의 기운으로 채워졌다. 그리고 마음의 소리가 들렸다.

'매일 글을 쓰고 건강하게 달릴 수 있는 네 삶은 기적이야.'

살아있기에 슬픔과 괴로움도 느끼지만 감사와 벅차오름도 느낄 수 있다. 단지 잠깐 달렸을 뿐인데 내 안에서 솟아나는 기쁨이 나를 응원하고 격려해 준다. 이런 내 삶에 감사하지 않을 수가 없다.

달릴 때는 일부러 입꼬리를 끌어 올리며 미소를 지어보기도 한다. 가만히 있을 때보다 걷거나 달리면서 웃는 연습을 하면 그나마 어색함이 덜하다. 입꼬리만 살짝 올려도 기분이 달라진다. 무표정을 짓게 되면 입꼬리가 평평해지는 것이 아니라 아래로 내려가는 약간 슬픈 표정이 된다. 의식적으로 입꼬리를 올린다고 생각해야 겨우 평평해진다. 무표정과 미소 짓는 표정을 반복해 보면 그 차이가 더 잘 느껴진다. 미소를 짓는 것만으로도 기분은 금세 좋아진다. 좋아진 기분은 또 다른 좋은 일을 불러온다.

조급증, 완벽주의, 타인과의 비교가 마음속에 자리 잡고 있다면 자신이 늘 부족한 사람처럼 여겨질 것이다. 부정적 정서에 사로잡히기 쉽다. 느긋한 마음으로 나를 바라보는 태도가 필요하다. 길 고양이와 꽃들, 맑은 하늘을 바라보듯 나 자신도 여유롭게 바라보면 어떨까?

급한 마음으로 무언가를 하려는 삶은 쉽게 소진된다. 우리에게는 doing뿐 아니라 being이 필요하다. being은 게으르고 나태한 것이 아니다. being은 나로 존재하는 시간이다. 새벽 풍경과 일출을 보며 감탄하는 시간, 예쁜 꽃향기를 맡아보고 자연의 아름다움을 느끼며 천천히 걸어보는 시간, 바람을 느끼며 자전거를 타는 시간을 통해 현재에 머무를 수 있다. 나로 존재하는 시간은 그 자체로 치유가 된다.

긍정적 정서가 높은 사람은 인생을 자기가 원하는 방향으로 이끌어 나갈 수 있다. 기쁘고 행복한 사람은 타인에게 그 행복을 나눠주게 된다. 뇌 과학 연구에 따르면 부정적 감정과 긍정적 감정을 처리하는 뇌의 부분과 분비되는 신경전달 물질도 서로 다르다고 한다. 긍정적인 사람과 부정적인 사람은 뇌를 전혀 다른 방식으로 사용하는 것이다. 긍정적인 사람은 긍정적 정서가 습관이 된 사람이다. 그러나 뇌는 가소성을 지니고 있기에 부정적인 사람도 반복적인 훈련을 통해 긍정적 정서를 습관으로 만들 수 있다.

긍정적 정서를 습관으로 만들기 위한 효과적인 방법은 규칙적인 운동을 하는 것이다. 한 연구에 따르면 뇌를 긍정적으로 변화시키기 위한 최소 조건은 일주일에 세 번 30분 이상, 최대 심박수 60~80% 정도의 세기로 8주 이상 운동하는 것이라고 한다. 운동은 몸뿐 아니라 마음과 뇌 건강을 회복시켜 주는 효과가 있다. 스트레스에 민감하고 감정 통제력이 부족한 사람일수록 운동이 더 필요하다. 나도 꾸준히 달린 이후로 스트레스 상황에 더 강해졌고 마음이 편안한 상태를 오래 유지하게 되었다. 과거에 비해 긍정적 정서가 높아졌기에 나를 좋아하고 존중하는 마음도 커졌다.

자신의 문제를 해결하고 행복한 삶을 살기 위해서는 스스로 기분 좋은 상태를 유지할 수 있어야 한다. 칭찬과 감사, 미소 짓기, 운동으로 좋은 기분을 이끌어 내는 것 모두 스스로 긍정적인 감정을 불러일으키는 방법이다. 기분이 좋아지면 도파민이 많이 분비되고 이 때 뇌의 다양한 영역이 활성화 된다. 그렇기에 스스로 긍정적인 감정을 불러일으킬 줄 아는 사람은 자신이 가진 능력을 극대화할 수 있다.

긍정의 에너지가 많아지면 더 도전적이고 진취적이며 새로운 것을 추구하는데 두려움이 없어질 것이다. 그렇기에 행복하고 긍정적인 사람에게는 늘 더 많은 기회가 찾아오게 된다. 지금 여기서 나를 칭찬하고, 입가에 미소를 지어보라! 밖으로 나가서 걸어보라! 칭찬과 미소 그리고 운동을 통해 나를 행동하고 움직이게 하는 긍정의 힘을 느껴 보기를 바란다.

내 삶이 나를 응원한다

내가 사는 동네에는 오래된 가로수가 많다. 키가 크고 잎이 무성한 나무들이 줄지어 있다. 가을이 되면 도로 양쪽의 나무들이 노랗게 물들어 가는 모습이 정말 아름답다. 나이가 들수록 감성이 더 깊어진다. 작년 10월 즈음 노오란 은행잎과 나뒹구는 낙엽을 보며 온몸으로 가을을 느꼈다. 예전에도 가을은 이 정도로 아름다운 계절이었을까? 아마도 지금과 비슷했을 텐데 변한 건 나 자신일 것이다. 나이가 들었고, 생각이 바뀌었고, 세상을 보고 느끼는 프레임도 달라졌다.

사는 게 늘 똑같게 느껴지는 이유는 늘 비슷한 생각 속에 머물며 같은 프레임으로 세상을 바라보기 때문이다. 쇼핑을 하거나 영화를 보는 것이 잠깐의 기분 전환은 될 것이다. 그러나 일상으로 돌아온 내가 크게 변하지는 않는다. 환경의 변화보다 더 중요한 것은 '세상을 바라보는 프레임'을 바꾸는 것이다.

독서는 그 프레임을 바꿔주는 역할을 한다. 다독을 통해 세상에 존재하는 다양한 관점을 알게 되면 사고의 지평이 넓어진다. 한 권의 책은 하나의 우주와도 같다. 서로 다른 우주들이 충돌하고 폭발하며 시너지를 일으키는 과정, 그게 독서다. 내 뇌에서 일어나는 우주 대폭발의 과정에서 나만의 새로운 관점과 또 다른 우주가 만들어진다.

글을 쓰면서 내 프레임을 자주 돌아보게 된다. 어떤 프레임은 내 삶을 제한했고 또 다른 프레임은 나를 자유롭게 했다. 읽으면서 채우고 쓰면서 비우는 것은 내 프레임을 만드는 과정이다. 나를 제한하고 위축되게 만들었던 부정적인 프레임을 새로운 것으로 갈아 끼우면 세상이 달라 보인다.

세상을 낯설게 보는 시선을 가지면 같은 일상을 살아도 설렘을 느낄 수 있다. 평소에 하지 않았던 행동을 했을 때 새로운 눈과 시선을 가질 수 있다. '굳이 저렇게까지 해야 해?'라는 행동을 했을 때 세상을 다르게 볼 수 있다.

몇 해 전부터 나는 굳이 하는 행동들을 시작했다. 굳이 새벽 4시 반에 일어났고, 굳이 일어나자마자 운동화를 신고 밖으로 나가서 달려 보았다. 굳이 하루에 한 권의 책을 읽어보았고, 굳이 하루에 두 편의 글을 써 보았다. 굳이 딸과 야외콘서트에 가 보았고, 굳이 여행지에 가서 바닷가를 달려 보았다. 이 책을 쓸 수 있었던 이유도 굳이 블로그를 시작해 보았기 때문이다. 요즘의 나는 '어떤 글을 써 볼까?'라는 프레임으로 내 주위를 보고 있다.

친구와 지인들은 책을 좋아하고 블로그에 글을 쓰며 매일 달리고 있는 나를 신기하게 생각한다. 나에게는 일상인 일이 누군가에게는 낯설고 새로운 일로 보이는 것 같다. 굳이 해 보는 행동들은 나를 조금은 더 특별하고 나답게 만들어 준다.

나는 게으른 완벽주의자이다. 그냥 해도 되는데 더 잘하려는 고민을 많이 한다.

'어떻게 하면 더 완벽하게 정리해 볼까?'

'어떻게 하면 더 글을 잘 쓸 수 있을까?'

'어떻게 하면 책을 읽고 내 것으로 만들 수 있을까?'

이와 같은 고민과 의문이 물음표에서 끝나면 나는 그냥 게으른 사람이 된다. 아무도 내가 뭘 잘 하려고 했는지 그 의도를 알 방법이 없을 것이다. 그러나 걱정과 고민으로 시작했더라도 행동으로 마무리 지으면 결과가 생긴다. 행동하는 순간 작은 깨달음이 생기면서 물음표가 느낌표로 바뀐다. '아하, 그렇구나! 이렇게 하면 되는 거였어!' 성공한 일만 깨달음이 생기는 것은 아니다. 실패한 일에서는 더 많은 깨달음과 통찰이 생긴다.

무언가를 하고 싶다면 제발 내일로 미루지 말자. 멋있게 시작하는 것도 포기하자. 일단은 시작하고 꾸준히 이어 나가면 누구나 변화할 수 있다. 작은 성취감을 느끼며 나에게 집중하게 되면 그 과정에서 자존감도 높아진다. 나 자신이 좋아지고 자랑스럽게 여겨지기 때문이다.

약 3년간의 꾸준한 자아 성찰 시간을 통해 내 안의 또 다른 나를 발견했다. 과거의 나와 지금의 내가 다르듯, 현재의 나와 미래의 내 모습도 다를 것이다. 어느 한 가지 모습만이 나는 아니다. 작아진 내 모습에 열등감을 느끼거나 작은 성과 하나에 괜한 우월감을 느낄 필요도 없다. 모든 것이 흐르고 변하듯 나란 존재도 마찬가지이다. 순간을 잘 살아내고 있는 나를 응원하며 나아가면 그만이다. 더 이상 타인과 나를 비교하지 않기 위해 노력한다. 그보다는 나의 가치와 좋은 점에 집중하려 한다. 매일 조금씩 성장하고 나를 더 사랑하는 것, 이것이 지금 나에게는 가장 중요한 일이다.

블로그 글쓰기를 하며 사람들의 반응에 격려도 받고 무반응일 때는 기도 죽었다. 그러나 포기하지 않았던 꾸준함 덕분에 나에 대한 믿음이라는 큰 선물을 받았다. 자기 확신은 목표와 꿈을 이뤄나가는 데 있어서 가장 중요한 부분이다. 반대로 나를 믿지 못하는 부정적인 마음은 꾸준함의 적이다.

꾸준히 하고 싶은 일이 있다는 것, 그 자체로 행복을 느낀다. 무언가를 꾸준히 한다는 것은 나에 대한 믿음을 쌓아나가는 일이다. 자기 확신은 '나는 무엇이든 할 수 있어'라는 굳은 다짐이 아니다. 내가 목표한 바를 시간이 걸리더라도 이룰 수 있다는 마음, 가는 길에 힘든 일이 생겨도 나를 놓아버리지 않는 나에 대한 사랑이다. 새로운 것을 습관과 루틴으로 만들기 위해서는 많은 시간과 인내가 필요하다. 그렇기에 더 가치가 있고 귀하게 여겨진다. 쉽게 이루어진 것이 아니기에 한 번에 무너지지도 않는다.

독서, 글쓰기, 운동, 이 세 가지는 내가 무슨 일을 하는 사람이든 내게 유익이 되는 습관임을 확신한다. 세 가지 루틴 덕분에 나는 더 풍요롭고 생기 있는 삶을 살게 되었다. 할수록 내가 즐겁고 자신감이 생기는 일, 더 나은 내가 되고 싶게 만들어 주는 일이 하나만 있어도 의미 있고 재미있는 삶을 살 수 있다.

틀릴까 봐 불안하더라도 내가 선택한 방향대로 나아가 보는 것, 그런 경험이 많을 때 더 단단하게 성장할 수 있다. 사소한 것이라도 내 힘으로 해낼 때 나의 자존감은 높아진다. 일이 잘 풀리지 않고, 실패를 경험할 때, 고통스러울 때가 성장의 기회임을 알아야 한다. 좋아하는 일을 할 때도 슬럼프는 찾아온다. 꾸준히 글을 쓰는 일이 쉽지만은 않았다. 그때마다 나에게 물었다.

"뭘 위해 힘든 데도 계속 글을 쓰는 거지?"

'미래에 대한 희망'과 '내가 원하는 꿈'이 나를 계속 나아가게 했다. 그 꿈 중 하나가 바로 이 책이다.

내 꿈을 향해 길을 걸어가는 것은 그 누구도 대신 해 줄 수 없다. 두려워도 스스로 딛고 일어서면 새로운 세계가 펼쳐진다. 나의 세계가 확장될 때 우리는 성장할 수 있다. 갇혀 있었던 벽을 뚫고 나와야 할 때가 있다. 그 시기는 고난과 고통으로 다가오는 경우가 많다. 위기가 왔을 때 주저앉거나 뚫고 나가거나 둘 다 괴로운 것은 마찬가지이다. 무엇을 선택하든 똑같은 에너지가 들고 시간은 흐른다.

무엇이든 선택은 내가 해야 한다는 것, 그것을 기억해야 한다. 고난과 위기를 성장의 기회로 받아들일 때 진짜 어른이 될 수 있다. 새로운 시각이 있을 때 내 삶은 변화할 수 있다. 좌절보다는 문제 해결, 기존의 생각 습관이 아닌 다른 생각 습관이 나를 새로운 세계로 이끌어 준다.

모닝 루틴을 실천하는 날들이 쌓일수록 미래의 내 모습이 기대된다. 가끔은 그 기대감으로 벅차오를 때도 있다. '원하는 대로 안 되면 어떻게 하지?'라는 생각보다는 더 나은 내가 될 것을 아는 믿음이 쌓이고 있다. 세상이 아닌 나에게 집중할 때 인생을 변화시킬 수 있다. 환경을 탓하기 보다는 좋은 습관으로 나를 다스린다면 내 인생의 주인으로 살아갈 수 있을 것이다. 행복하고 건강한 루틴으로 채워진 내 삶은 언제나 나를 응원하기 때문이다.

작은 것을 매일 해 주는 것이 실은 가장 큰 사랑이다

'내 이야기를 책으로 낼 수 있을까?' 두려움이 있었다. 특별한 무언가가 있는 사람만 책을 낼 수 있다고 생각했다. 책을 내기에는 내 인생이 참 평범하다고 느꼈다. '세 아이를 키우며 집에만 있었던 사람이 어떻게 책을 내겠어?' 약 2년 전, 내가 했던 생각이다. 책 쓰기는 내 꿈이었지만 거대한 산을 올라야 하는 일처럼 먼 이야기처럼 느껴졌다. 지금도 한 권의 책을 다 쓰고 에필로그를 쓰고 있다는 것이 잘 믿기지 않는다.

작년 11월부터 초고를 쓰기 시작했다. 호기롭게 시작했던 종이책 쓰기는 생각보다 만만한 일이 아니었다. 약 2개월 정도 초고를 쓰고 다시 고쳐나갔다. 고치고 또 고치고 책 쓰기는 퇴고의 연속이었다. 초고를 쓰레기라고 부르는 이유는, 초고가 책으로 나오기 위해서는 원고가 너덜너덜 해질 때까지 퇴고를 해야 하기 때문이다. 그런데 쓰레기더미에서도 꽃은 핀다. 많이 허접했던 내 초고를 바탕으로 한 권의 책이 완성되었다.

퇴고를 하며 인생을 떠올렸다. 초고를 수정하는 것처럼 내 인생도 매일 고쳐야 할 것 투성으로 보일 때가 있다. 책을 쓰느라 어수선해진 집, 이제 엄마 말은 잘 듣지 않는 사춘기 딸들, 계획과 달라지는 일상의 일들을 보며 한숨이 나올 때도 있다. 그러나 한숨으로 달라지는 것은 아무것도 없다.

원고를 보아야 퇴고를 하듯, 내 일상의 모습도 자세히 들여다봐야 수정이 가능하다. 무엇이든 애정을 가지고 바라보는 게 변화의 시작이다. 탈진할 정도로 보고 또 보면서 고치다 보면 그래도 조금은 봐줄 만한 정도의 꼭지가 한 두 개 정도 생기기 시작한다.

매일 글을 쓰며 나아가는 일은 마치 일상을 퇴고하는 일과도 같다. 쓰기 위해서는 나와 내 삶을 계속 들여다봐야 하기 때문이다. 매일 새벽의 글쓰기는 내 인생을 들여다보는 시간이었다. 글이 잘 써지지 않을 때, 이웃들과의 소통이 잘 되지 않을 때는 마음이 힘들었다. 나는 작은 것에 잘 흔들리는 사람이다. 일희도 잘하고 일비도 잘한다.

그런데 글을 써 보니 그것이 꼭 나쁜 것만은 아니다. 자주 일렁이는 감정 덕분에 내면이 흔들리고 불안할 때가 많지만 글을 쓸 때는 도움이 된다. 같은 일을 겪어도 내가 느꼈던 섬세한 감정을 글에 담을 수 있기 때문이다. 나의 마음과 알 수 없었던 감정을 글에 담아내면 마음이 비워지고 맑아지는 경험을 자주 했다. 마음의 때가 벗겨내 지니 내가 더 선명하게 잘 보였다. 자연스레 자아 성찰이 되었다.

매일의 글쓰기로도 내가 잘 보였는데, 한 권의 책을 쓴 지금은 내가 더 입체적으로 보인다. 수정할 부분이 참 많다. 그러나 괜찮은 부분도 보인다. 왜냐하면 매일 나와 내 일상을 돌아보며 퇴고하는 중이니까, 그것만으로도 충분히 나를 칭찬해 줄 만하다. 내 원고가 나아졌듯 내 일상도 매일 조금씩 더 나아지고 있다. 머물러 있지 않고 앞으로 나아 간다.

블로그와 이웃님들이 없었다면 이 책을 내지 못했을 것이다. 부족한 내 글을 읽고 꾸준히 응원해 주셨던 이웃님들께 정말 감사하다. 책 쓰기 전 멘탈 훈련부터 투고 이메일을 보내고, 그 이후의 과정까지 내 일처럼 함께 신경 써 주셨던 허지영 작가님께 깊이 감사 드린다. 지영 작가님이 없었다면 이 에필로그를 쓰지 못했을 것이다. 책을 쓰는 동안 남편을 서운하게 했던 기간들이 있다. 말없이 나를 응원해 주는 남편, 부족한 엄마와 사느라 고생하는 세 딸들에게도 고맙고 사랑한다는 말을 전한다. 사랑과 배려, 존중과 포용으로 나를 대해주시는 양가 부모님도 늘 그저 감사할 뿐이다. 내 투고요청을 받아 주시고 한 권의 책으로 나오는 여정을 함께 해 주신 마음 세상 출판사 김지연 대표

님께도 감사의 말씀을 전한다.

세 가지 루틴 실행과 이 책 쓰기를 통해 나는 나와 내 삶을 더 사랑하게 되었다. 누군가에게 작은 것을 매일 해 주는 것이 실은 가장 큰 사랑이다. 매일 삼시 세끼를 차려주는 일, 매일 고맙다는 인사를 하는 일, 매일 안아주고 토닥여주는 일은 가끔 해 주는 큰 이벤트나 선물보다 더 어려운 일이다. 그래서 찐이고 이런 게 진짜 사랑이다. 결혼을 하기 전, 부모가 되기 전에는 이런 것들을 알 수 없었다. 이런 일들은 관계 속에서만 깨달을 수 있다.

이런 사랑을 나에게 적용해 볼 수 있다. 가끔 나에게 맛있는 밥을 사 주는 것, 날 위한 선물도 좋겠지만 나를 사랑한다면 나를 위해 작은 것을 매일 해 줄 수 있을 것이다. 매일 사소한 루틴을 실행하는 것은 나를 향한 사랑의 표현이다.

우리는 각자의 방식으로 자신을 사랑할 수 있다. 나를 토닥여 주는 말, 나를 돌아보는 글, 매일 운동을 하는 일, 건강한 음식을 챙겨 먹는 것, 저녁 이후 공복을 유지하는 일, 매일 나에게 떠오르는 태양과 아름다운 석양을 보여 주는 일, 좋은 음악을 들려주는 일등 어떤 방식이든 상관없다. 하루에 하나씩 나를 기쁘게 하는 습관을 만들어 보자. 행복한 사람은 행복한 습관을 가진 사람이다.

과거에 붙들리지 말고, 미래를 걱정하지 말자. 내가 머물 수 있는 곳은 지금 여기 뿐이다. 욕심 내지 말고 한 번에 한 가지씩 천천히 이뤄보기로 하자. 사소하고 작은 것도 꾸준히 하면 위대해짐을 믿는다. 해내는 과정 중에 나는 이미 다른 사람이 되어 있다는 것도 이제는 알 것 같다. 작고 사소한 것들이 쌓여 아름답고 위대해질 당신의 여정에 이 책이 작은 빛과 희망이 되기를 바란다.

엄마라는 주체

김지연 (rainbowings@nate.com)

여자가 엄마가 된다. 그렇다면 엄마의 정체성은 어떻게 구성해야 할까? 그것은 그녀의 생각과 행위에 달려 있다. 오랫동안 인간에게는 성역할이 부여되었고 그에 맞게 행동할 것을 미덕으로 여겼다. 그것은 사회의 안정을 도모하는 데 기여한 동시에 다양성의 결핍으로 인간의 자유를 억압하였다. 따라서 인간은 자신만의 의미를 찾게 되었다. 그것이 진짜 정체성이 발현되는 시기이다.

결혼은 통과의례로 제도권으로 존재한다. 그에 따르는 출산과 육아는 행복한 것이다. 특히 출산은 여성에게 주어진 특별한 능력이자 축복이다. 또한 모성을 바탕으로 체현하는 육아는 이 또한 삶의 의미이다. 여성은 출산과 육아를 통해 새롭게 자기 서사를 쓸 수 있다. 이 처럼 어머니란 존재는 텍스트를 생산하는 작가와는 그 결을 함께 한다.

윤찬영의 글에는 세 아이의 어머니가 되는 경험 이후 사기 정체성을 생산적으로 꾸려나가는 의지가 있다. 또한 남성과 대립하지 않으며 함께 포용하며 시너지를 낸다. 결혼으로 만난 가족과의 행복감은 삶의 만족도를 배가한다. 작가는 먼 이국에서 생활하면서 디아스포라의 삶 그 이상으로 삶의 이야기를 써나가고, 가족과 화목한 모습을 보여준다. 또한 블로그 등으로 타인과의 소통에도 적극적이다. 이와 같은 충일감 속에서 인간은 비로소 정체성을 찾을 수 있다. 불만족스럽고 특정한 대상을 적으로 규정하고 불화하는 가운데 찾는 정체성이야말로 허위가 아닐까 싶다.

이 책에는 행복으로 가득하다. 가족을 돌보는 어머니는 온전한 사유로써 자기 자신에게도 '돌봄'을 체현한다. 여기에는 어머니 노릇함에 있어 회의적인 태도로 의무와 희생을 유보하는 무책임한 태도가 없다. 자유의 본질은 회피에서 벗어나는 것이니, 윤찬영의 글에는 윤리적인 자유가 있어 귀감이 된다. 작가의 삶은 안정적이며 어쩌면 모든 이들이 꿈꿀 만한 이상이 담겨 있다. 그럼에도 겸손하여 모난 부분이 없어 평범함으로도 느껴질 정도다. 이러한 자연스러움은 자칫 삶의 무료함을 부를 수도 있겠다. 윤찬영은 글쓰기, 독서, 자기 안의 탐

색을 통해서 정체성을 확장해 나간다. 작가는 일찍 일어나 정해놓은 루틴대로 일과를 시작한다. 이러한 규칙성은 성실성 그 자체요, 삶의 안정성을 더욱 공고히 하는 동인이 된다.

이 책에는 생산성으로 충만해져 있다. 소위 부정적인 감정이 없다. 가령 누굴 원망하거나 미워하는 등의 소비적인 행태가 나타나지 않는다. 사람에 대한 따뜻한 시선이 있고, 허투루 쓰는 시간이 생기지 않도록 도와준다. 감정적 극점이 없다는 것은 평화를 상징한다. 인간의 마음이 평안에 이르렀을 때, 진정한 의미에서 자기계발이 가능하다. 억울한 마음에 던지는 승부수로 임하는 자기 계발에는 반드시 허점이 있다.

윤찬영은 달리고 글을 쓴다. 그녀가 제시하는 대표 동사 두가지, '달리다'와 '글쓰다.' 이 두 가지는 우리 삶을 집약하고 지금 우리에게 가장 필요한 요소라고 할 수 있겠다. 그녀의 달리기에는 진일보하는 인간의 걸음걸이 이상으로 삶의 메트로놈과 같은 페이스 조절이 있다. 텍스트에서 나타난 장마철에도 달리는 장면은 어떤 역경에도 마주하고 강인하고 온화하게 대할 자신감이 넘친다. 작가가 추구하는 모든 날의 달리기는 희노애락을 삼킨 인간의 일생과 맞닿아 있다.

그리고 그녀의 글쓰기에는 세상과 소통하는 너그러운 마음과, 좋은 이웃이 있고 세상을 관조하는 따뜻한 시선이 존재한다. 행복이란 자극적이지 않은 것이다. 과장되지 않은 것이며 매일매일 반복되는 루틴처럼 지속적인 것이다. 인간이라면 누구에게나 화가 있고 눈물이 있다. 다만 관건은 그것을 어떻게 다루느냐에 있다. 삶의 깨달음을 주는 책, 이 책은 인생의 행복을 묻고 행복의 의미를 공고히 하는 우리 삶에 꼭 필요한 이야기를 담고 있다.

나를 단단하게 만드는 루틴의 힘

초판 1쇄 발행 | 2025년 10월 20일

지은이 | 윤찬영
펴낸이 | 김지연
펴낸곳 | 마음세상

출판등록 | 제406-2011-000024호 (2011년 3월 7일)

ISBN | 979-11-5636-645-4(03190)

원고투고 | maumsesang2@nate.com
블로그 | blog.naver.com/maumsesang

* 값 18,200원